EASIEST KALIMBA SONGBOOK EVER!

It's Christmas time!
Popular Christmas Classics for Kalimba in C
(10 and 17 key models)

Leroy Harper
Easiest Kalimba Songbook Ever! It's Christmas time!

All rights reserved.
Ler.Harper@gmail.com

© 2021

ISBN: 9798472071895

Preface

- Do you want to play popular Christmas songs on your kalimba–without going through the hassle of learning to read music first?

- Do you want to play your first song in just a few minutes–instead of hours or days?

- Do you want to start playing right away–without having to master advanced playing techniques first?

If you just thought 'yes', this is your book.

My *Easiest Kalimba Songbook Ever! – It's Christmas time!* is full of songs–but **100% note-free**. Playing by **easy kalimba tablature**, you'll have mastered your first Christmas favorite in just a few minutes. All you need is a 10 or 17 key kalimba in C tuning and a bit of motivation.
Chord symbols and **chord diagrams for guitar** are included so your friends can join in the fun.

Wishing you a Merry Kalimba Christmas,
Leroy Harper

Most of the songs in this book you'll probably know by heart.
If you don't know one of these songs–just listen to it on youtube.com.

Contents

Meet your kalimba 6
Some kalimba accessories 8
Kalimba note layout 10
Kalimba tablature (TAB) 12
Kalimba tuning 14
Playing position 15
Basic playing technique 15

Songs

1. Angels we have heard on high 36
2. Auld lang syne 62
3. Away in a manger 43
4. Christ was born on Christmas day 19
5. Deck the halls 38
6. Go, tell it on the mountain 28
7. Hark! The herald angels sing 24
8. He is born, the holy child 46
9. Here we come a-wassailing 52
10. In the bleak midwinter 50
11. I saw three ships 26
12. It came upon a midnight clear 40

13.	Jesu, joy of man's desiring	44
14.	Jingle bells	33
15.	Jolly old Saint Nicholas	48
16.	Joy to the world	30
17.	O come, little children	32
18.	O holy night	54
19.	O Sanctissima	22
20.	Over the river and through the woods	20
21.	Silent night	60
22.	Still, still, still	42
23.	The boar's head carol	23
24.	The first Noel	16
25.	Twinkle, twinkle, little star	29
26.	Up on the housetop	18
27.	Wassail, wassail	56
28.	While by my sheep	58
29.	While shepherds watched	34

Meet your kalimba

The kalimba in its modern form is the descendant of a native african instrument presumed to be several thousand years old. Kalimbas basically consist of a small wooden body with a resonance hole on top and (often) one or more holes at the bottom to produce special sound effects (more about this on p. 15). There's a piece of wood with a small metal bar on top running from one side of the instrument to the other. The keys (or tines) you're playing are clamped between the wood and the metal bar. They have different lengths so each has a different pitch. Your kalimba can be tuned by moving these keys with a small hammer-like tuning tool (see p. 8 + 14).

Today, there are many different kalimba models available, mostly differing in the **number of keys** and their **tuning** (diatonic C tuning being the most common).

The songs in this book can be played on **diatonic 10 and 17 key kalimba models in C tuning**. (Should you happen to have a 21 key kalimba, you can play every song in this book, too. That's because 21 key models have all the notes of their smaller 10 and 17 key siblings and then some.

10 key kalimba   17 key kalimba

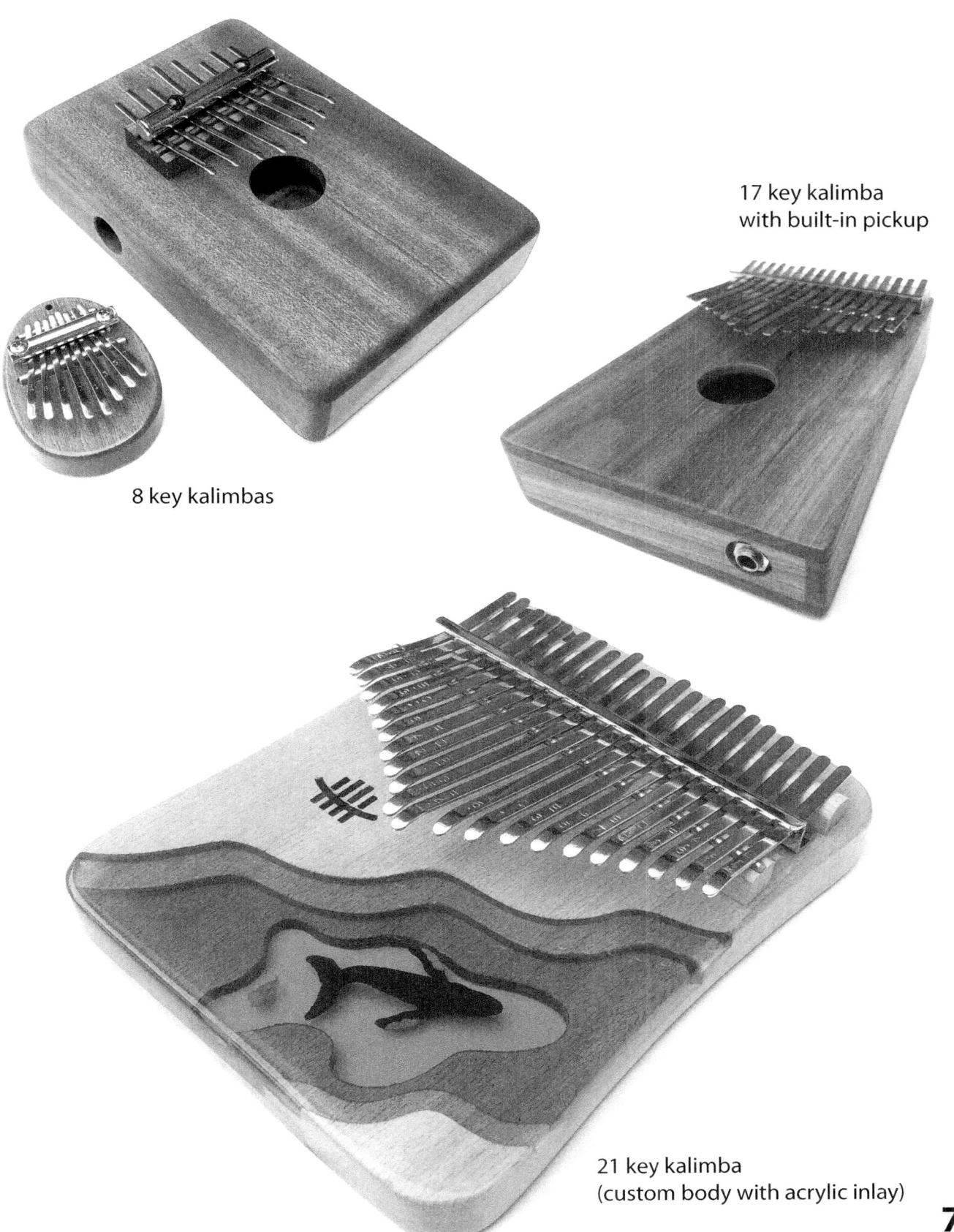

8 key kalimbas

17 key kalimba
with built-in pickup

21 key kalimba
(custom body with acrylic inlay)

Some kalimba accessories

Two things you should definitely get for your kalimba are a **chromatic digital tuner** (available at your local music store or online) and a **tuning hammer** (a small hammer-like tool which probably was already included with your kalimba). You will need both to properly tune your kalimba (explained in detail on p. 14)

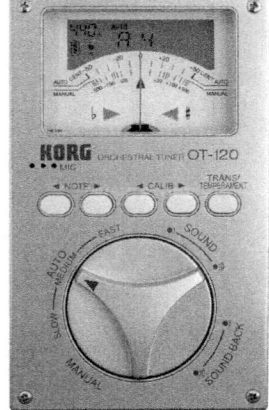

chromatic digital tuner

tunig hammer

Nice to have but not strictly necessary are:

Kalimba stand
to have your instrument ready to play (and looking good).

Thumb protectors.
If the skin of your thumbs is sensitive (or if you're playing for extended periods of time), these can come in handy to prevent blisters and skin irritations.

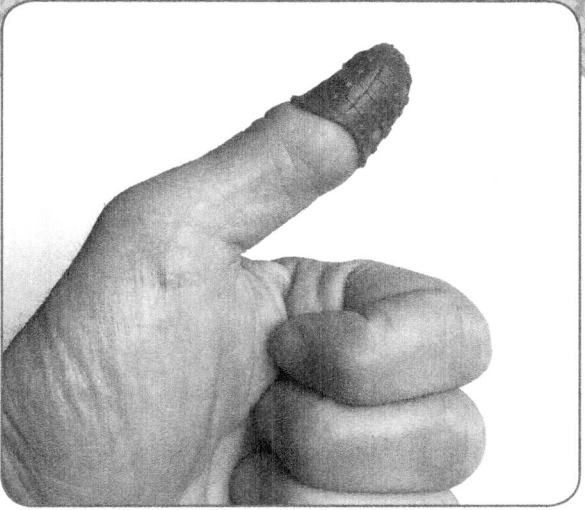

Snare chain.
This is a short chain with a loop at each end you attach to the outermost keys of your kalimba. The chain then lies on top of the keys, adding a "snare-drum" effect to your playing. Some people like that effect, some don't. Tip: You don't have to buy a snare chain, you can build your own for next to nothing.

Kalimba note layout

This book is written for **10 and 17 key diatonic kalimbas in C** tuning.

The kalimba family is quite extensive: there are 8, 10, 17 and 21 key models, soprano and alto kalimbas, diatonic and pentatonic instruments–all in a variety of tunings. Furthermore, there are chromatic kalimbas, double-sided kalimbas, kalimbas with pickups for amplified playing, and so on. This book was written for 10 or 17 key diatonic kalimba models tuned to C, which are the most popular models (at the moment, at least).

You can tell the kalimba model by looking at the numbers on the keys (the note layout).
Below you see the layout of the kalimbas you can use this book with. Compare them with your kalimba to see which model you have. As long as the numbers on your kalimba match the layout below, you're good to go!

In case your kalimba came with adhesive labels you have to fit yourself you can use this graphic to fix them to your instrument.

$$\overset{..}{2}\ \overset{.}{7}\ \overset{.}{5}\ \overset{.}{3}\ \overset{.}{1}\ 6\ 4\ 2\ \mathbf{1}\ \mathbf{3}\ \mathbf{5}\ \mathbf{7}\ \overset{.}{2}\ \overset{.}{4}\ \overset{.}{6}\ \overset{..}{1}\ \overset{..}{3}$$

Take a look at your (labeled) kalimba. You'll notice numbers/letters appearing more than once. The number "1" (letter "C"), for example, appears three times on a 17 key kalimba.
These are all the same note, just in different octaves (musical lingo you don't have to memorize). The little dots above the numbers (or letters) are used so you can tell them apart when playing by TAB only (see p. 12).

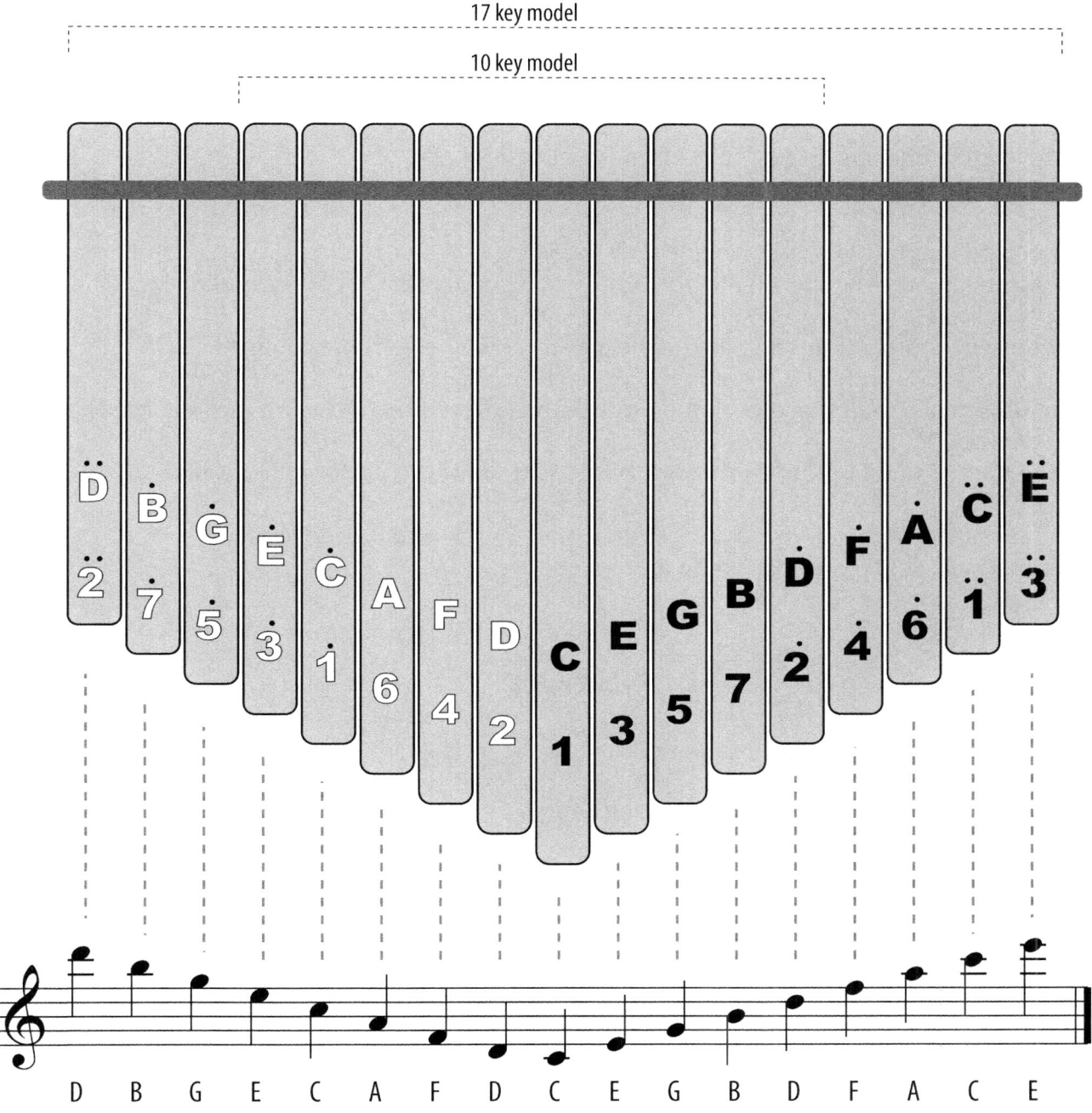

If you can read music: these are the note names for all of your kalimba's keys.
All others, don't worry—this is just an additional tidbit of information that's not needed for this book.

Kalimba tablature (TAB)

To make playing as easy and straightforward as possible, I'm using **kalimba tablature** in this book. Tablature is a very old method of writing down music and it has one great advantage: you don't have to learn to read music! And here's how it works:

The numbers above the lyrics correspond to the key (tine) numbers of your kalimba:

- When you see the number 5, you play key no. 5.
- When you see the number 2 with a small dot above, you play the corresponding key etc.

I've added yet another little feature to make playing by TAB even more comfortable:

- The TAB numbers for the keys to the **right** of the longest key (including that key itself) are in **black** type,
- while the TAB numbers for the **left** side of the instrument are **outlined (white)**.

So you can see at a glance what side of the instrument you're supposed to play on.
But enough talk, let's try it! Look at the example below:

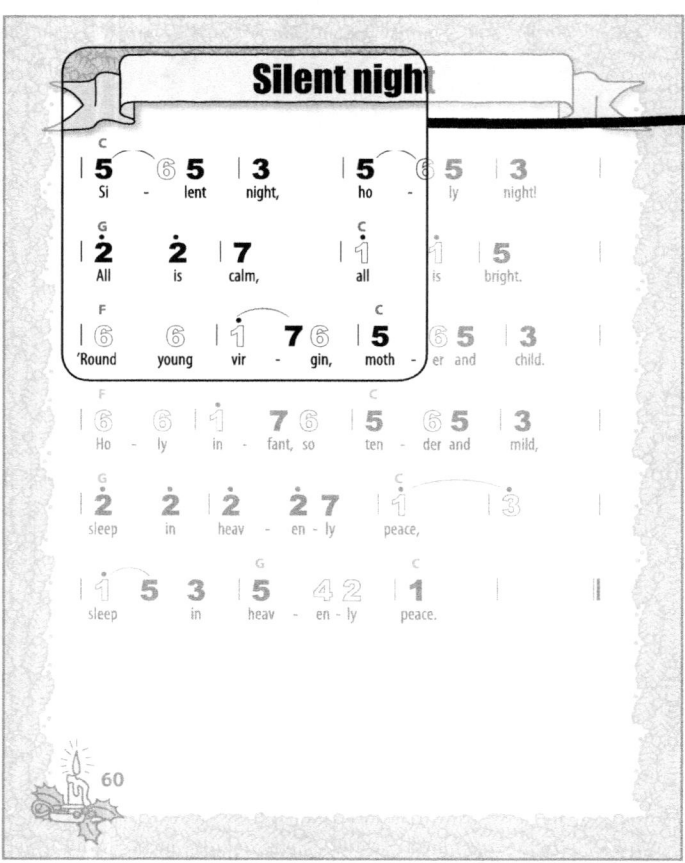

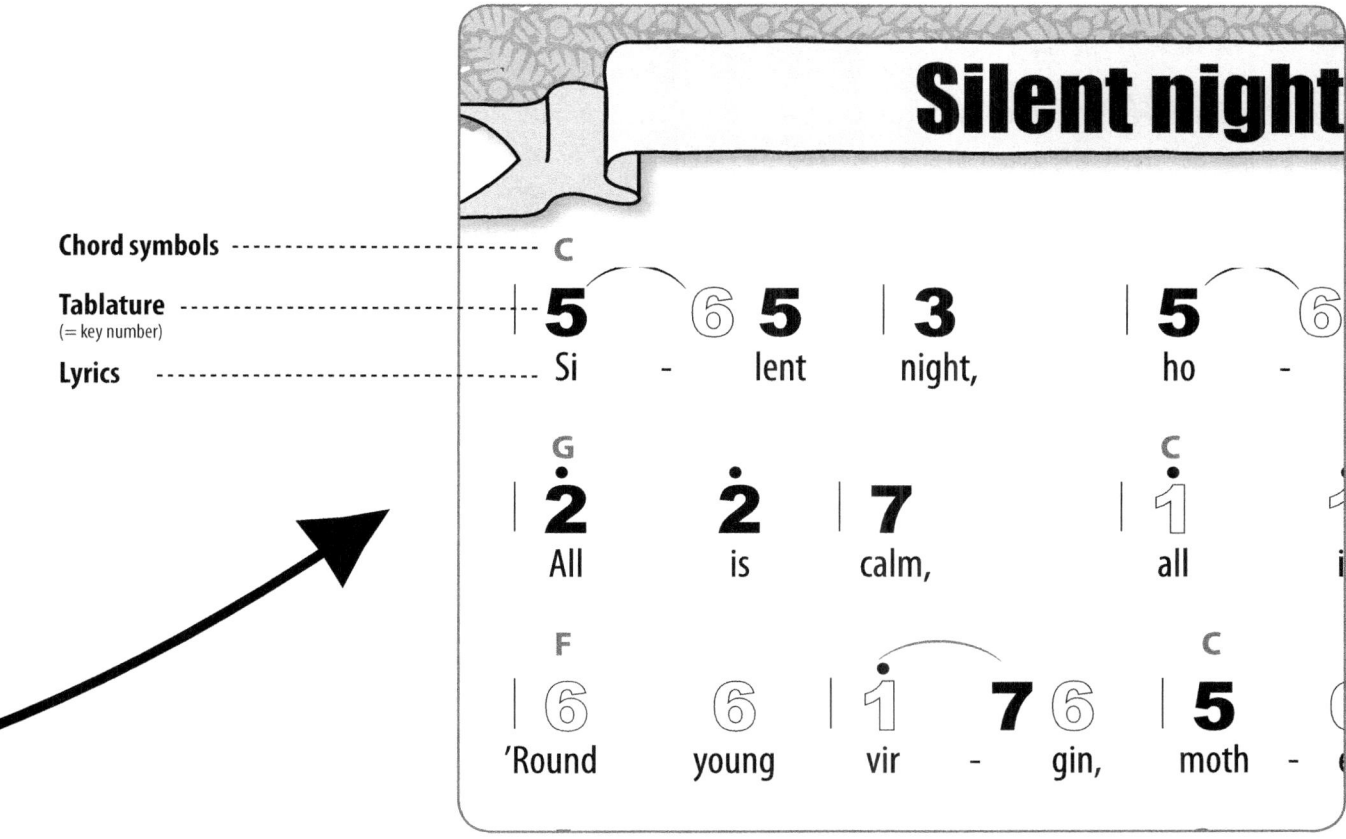

You'll notice a **small bow** connecting two tablature signs (at the syllable "Si-"). This means you play two notes for one syllable of text.

Just one more thing and we're done already*: The small vertical lines occurring every few words are called **bar lines**. They are used to divide a piece of music into smaller, more manageable pieces (you can think of them as spaces between words). A bar line followed by a thicker line is called **final bar line** and indicates the end of the song.
The only thing you really need to know about bar lines (and what they're here for):
Accentuate the note right after the bar line slightly (e.g. play it a little louder) to give your audience a feeling for the "pulse" (the heartbeat, so to say) of the song.

* O.k., I'll admit, there's one more thing: the symbols above the tablature (like C, Am and D).
  These are chord symbols. They're for any guitar or keyboard playing friend who might want to play along. I also included chord diagrams for guitar.
  There's a small drawback, though: These chord symbols and diagrams can only be used when you're playing a diatonic kalimba in C tuning. When you're playing a kalimba tuned to another note, your fellow musicians have to transpose these (don't worry, they'll know what to do).

13

Kalimba tuning

Your kalimba doesn't need to be tuned on a regular basic, but it will definitely go out of tune over time (depending on how often and how hard you play). There will come a time you'll need to tune one or more of the tines. Don't be afraid to tune your kalimba–this is not exactly rocket science and with a few pointers you'll be good to go.

To tune your kalimba you'll need a **tuning hammer** and a **chromatic electronic tuner**. First use the tuner to check the pitch of the tines that are out of tune. If you're not sure which pitch a particular tine's supposed to have, you can use the graphic on page 11. Most instruments have either the numbers or the note names printed on their tines, so you can check there, too.

Then use the tuning hammer to correct the pitch.

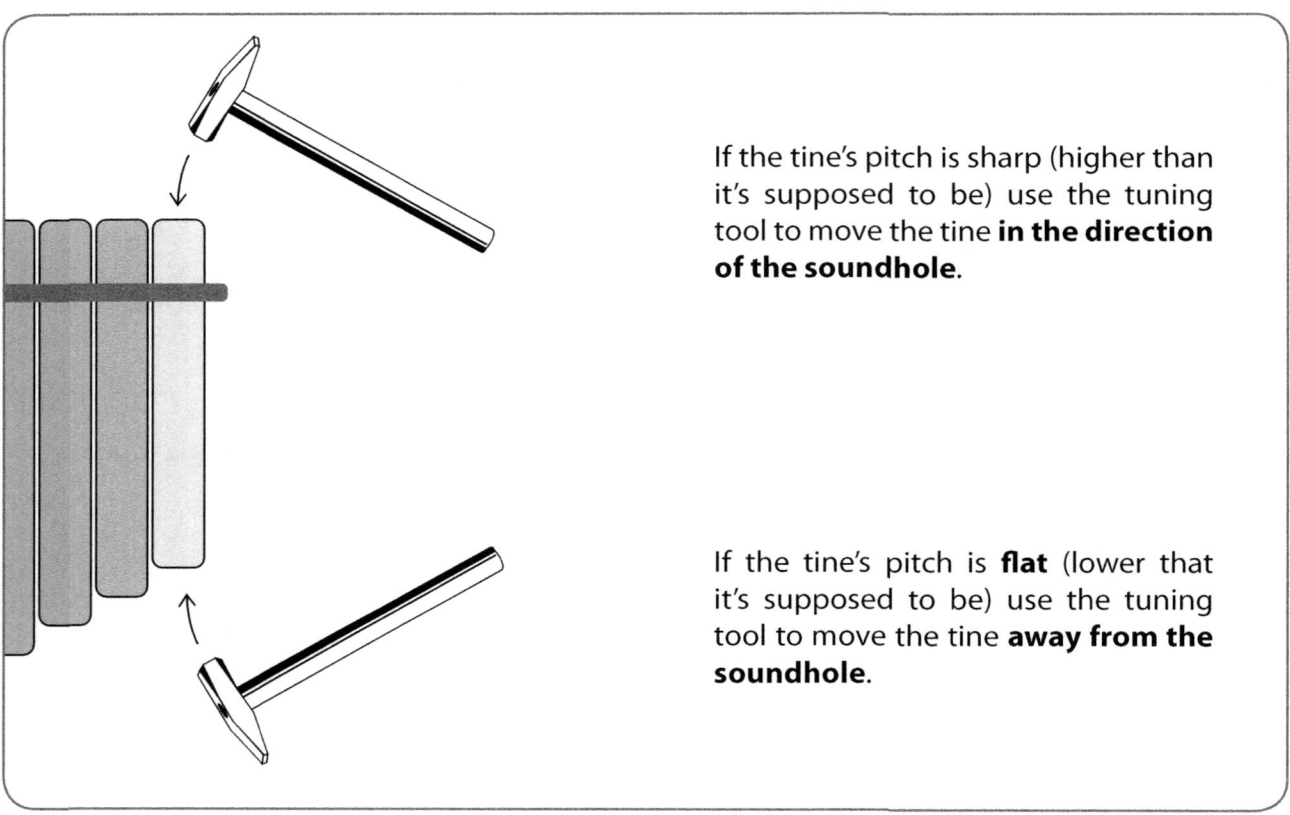

If the tine's pitch is sharp (higher than it's supposed to be) use the tuning tool to move the tine **in the direction of the soundhole**.

If the tine's pitch is **flat** (lower that it's supposed to be) use the tuning tool to move the tine **away from the soundhole**.

Always work with small movements of the tuning tool and never use excessive force!

Hint: When tuning, always cover the body of the instrument with a small piece of cloth to avoid damaging your kalimba.

Playing position

You can play your kalimba sitting or standing up, whatever feels good to you is o.k. You can also play it on a flat surface like a kitchen table (playing this way, you won't be able to use the soundholes at the back of the instrument, though).

Most players like to hold their kalimba with both hands, supporting the instrument with their fingers while playing with both thumbs as pictured here.

Basic playing technique

The kalimba is played with the thumbs of both hands. The right hand thumb plays the longest key and all keys to the right of it, while the left hand thumb is used to play all the keys to the left of the longest key. Most players prefer to play with their bare thumbs. Use the fleshy part of your thumbs or try playing with the nail for a sharper, crisper sound. If you've got sensitive skin or like to play for very long periods of time, try wearing thumb protectors to avoid developing blisters.

The other fingers of both hands support the instrument. You can also use these fingers to close and open the resonance holes at the back of your kalimba to create sound effects resembling an echo or a guitar played with a wah-wah pedal*.

* Since this is a beginners' book, I won't discuss advanced playing techniques like playing chords, glissandos and more than one note simultaneously. But once you've mastered the songs in this book, there'll still be plenty of exciting and fascinating things to discover about your kalimba as you progress as a player.

The first Noel

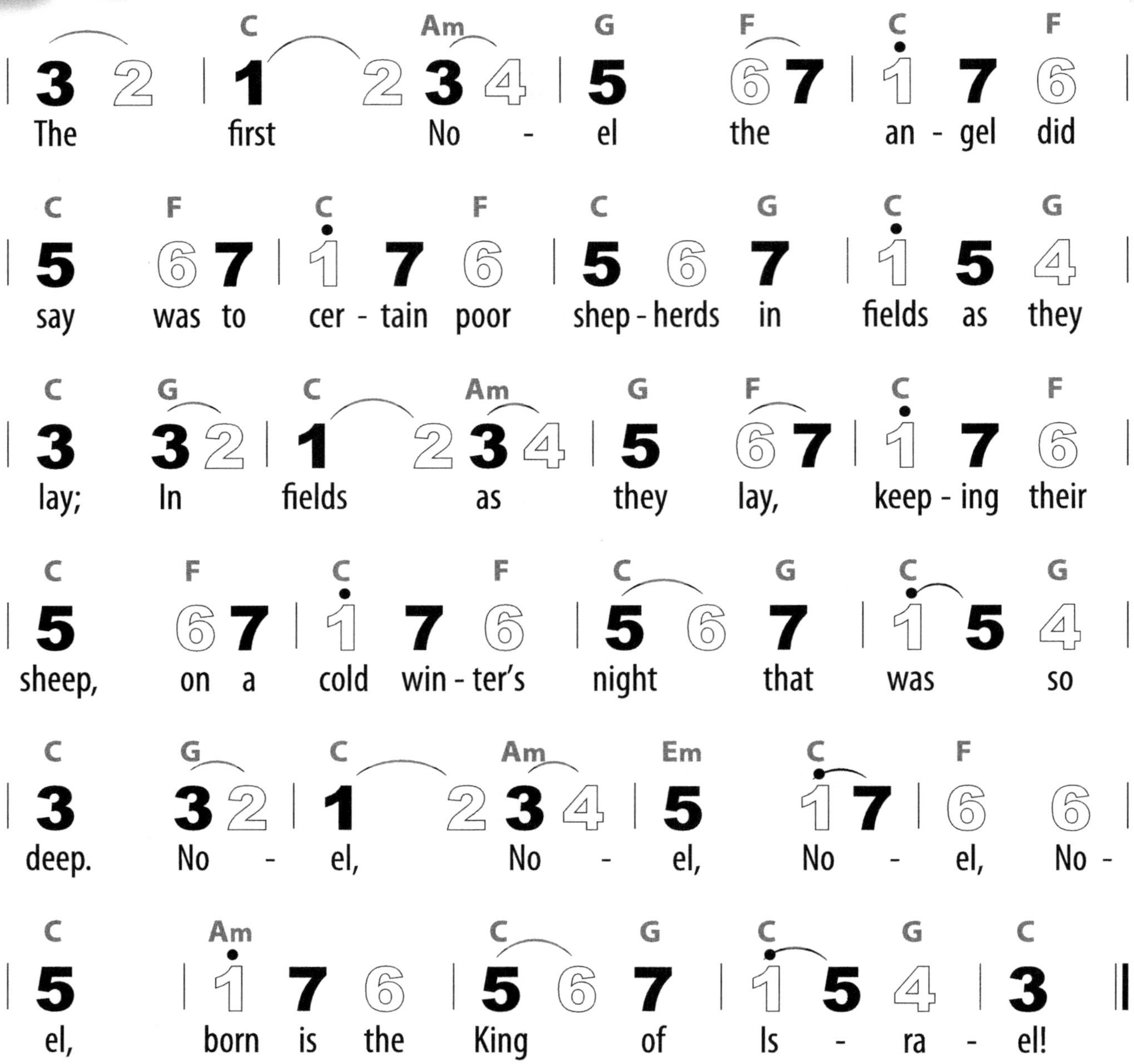

C		Am		G	F	C	F
3 2	**1** 2	**3** 4	**5**	⑥ **7**	**1** 7	6

The first No - el the an - gel did

C	F	C	F	C	G	C	G
5	⑥ **7**	**1** 7	6	**5** 6	**7**	**1** 5	4

say was to cer - tain poor shep - herds in fields as they

C	G	C	Am	G	F	C	F
3	**3** 2	**1** 2	**3** 4	**5**	⑥ **7**	**1** 7	6

lay; In fields as they lay, keep - ing their

C	F	C	F	C	G	C	G
5	⑥ **7**	**1** 7	6	**5** 6	**7**	**1** 5	4

sheep, on a cold win - ter's night that was so

C	G	C	Am	Em	C	F	
3	**3** 2	**1** 2	**3** 4	**5**	**1** 7	6	6

deep. No - el, No - el, No - el, No -

C	Am	C	G	C	G	C	
5	**1** 7 6	**5** 6	**7**	**1** 5	4	**3**	

el, born is the King of Is - ra - el!

2. They looked up and saw a star
   shining in the east beyond them far,
   and to the earth it gave great light,
   and so it continued both day and night.

3. And by the light of that same star,
   three wise men came from country far;
   To seek for a king was their intent,
   and to follow the star wherever it went.

4. This star drew nigh to the northwest,
   o'er Bethlehem it took it rest,
   and there it did both stop and stay
   right over the place where Jesus lay.

5. Then entered in those wise men three
   full reverently upon their knee,
   and offered there in his presence
   their gold, and myrrh, and frankincense.

6. Then let us all with one accord
   sing praises to our heavenly Lord;
   That hath made heaven and earth of naught,
   and with his blood mankind hath bought.

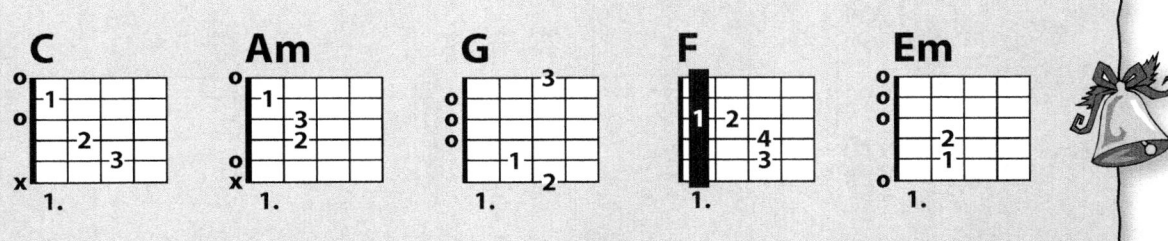

Up on the housetop

C						F	C
5 5 6 **5** **3** 2	**1** **3** **5**	6 6 **5** **3**
Up on the house-top rein-deer pause,	out jumps good old

G	C		
2 **5** **5**	**5** **5** 6 **5** **3** 2	**1** **3** **5**
San-ta Claus. Down through the chim-ney with lots of toys,

F	C	G	C	F
6 6 6 **5** **5** **3**	2 **5** **1**	4 4 6
all for the lit-tle ones' Christ-mas joys. Ho, ho, ho!

C	G	C
5 **5** **5** **3**	2 4 4	**3** **5** **5** **1**
Who would-n't go! Ho, ho, ho! Who would-n't go!

		F	
5 **5** 6 **5** **3**	4 **5** 6
Up on the house - top, click, click, click.

C	G	C
5 **5** 6 **5** **3** **3**	2 **5** **1**
Down through the chim - ney with good Saint Nick.

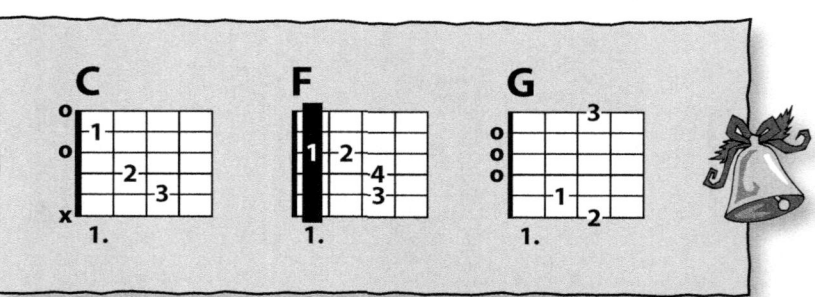

Christ was born on Christmas day

```
  C
| 5   3   1   3 | 5   6   5  | 5   3   1   3 |
 Christ was born on  Christ-mas Day,  wreathe the hol - ly,

            Dm                    G7
| 5   6   5  | 4   4   4   5 | 4   3   2   5 |
 twine the bay; Chris- tus na - tus  ho - di - e;  the

  C       F        C       G7        C
| 5   3   1   4 | 3   3   2   3 | 1   1 ||
 babe, the son, the  Ho - ly One   of  Ma - ry.
```

2. He is born to set us free,
   He is born our Lord to be,
   ex Maria Virgine,
   the God, the Lord, by all adored forever.

3. Let the bright red berries glow,
   ev'ry where in goodly show,
   Christus natus hodie;
   the Babe, the Son, the Holy One of Mary.

4. Christian men, rejoice and sing,
   tis the birthday of a King
   ex Maria Virgine;
   The God, the Lord, by all adored forever.

5. Sing out with bliss,
   His name is this: Immanuel!
   As 'twas foretold in days of old,
   by Gabriel.

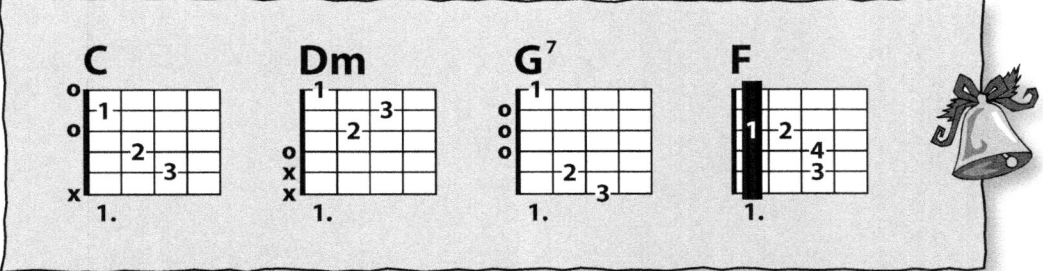

Over the river and through the woods

C										F			G7	
5	**5**	**5**	**5**	**3**	4	**5**	**5**	**5**	**5**	1̇	1̇	1̇	**7**	6
O-	ver	the	ri-	ver	and	through	the	woods	to	Grand-	mo-	ther's	house	we

C		G7						C						
5		**5**	4	4	4	4	4	**3**	**3**	**3**	**3**		**3**	**3**
go.		The	horse	knows	the	way	to	car-	ry	the	sleigh		through	the

D7						G7		C						
2		2	2	**3**		2	**5**	**5**	**5**	**5**	**5**	**3**	4	
white		and	drift-	ed		snow.		O-	ver	the	riv-	er	and	

				F		G7		C						
5		**5**	**5**	**5**	1̇	1̇	**7**	6	**5**			**5**		
through		the	woods,	oh,	how	the	wind	does	blow!			It		

F		G7		C		D7		C			G7		C	
1̇		1̇	**7**	6	**5**	**3**	**1**	2	**3**	**3**	4	**3**	2	**1**
stings		the	toes	and	bites	the	nose	as	o-	ver	the	ground	we	go.

2. Over the river and through the woods,
   To have a first-rate play;
   Oh, hear the bells ring, "Ting-a-ling-ling!"
   Hurrah for Thanksgiving Day!
   Over the river and through the woods,
   Trot fast, my dapple gray!
   Spring over the ground, Like a hunting hound!
   For this is Thanksgiving Day.

3. Over the river and through the woods,
   And straight through the barnyard gate.
   We seem to go extremely slow
   It is so hard to wait!
   Over the river and through the woods,
   Now Grandmother's cap I spy!
   Hurrah for the fun! Is the pudding done?
   Hurrah for the pumpkin pie!

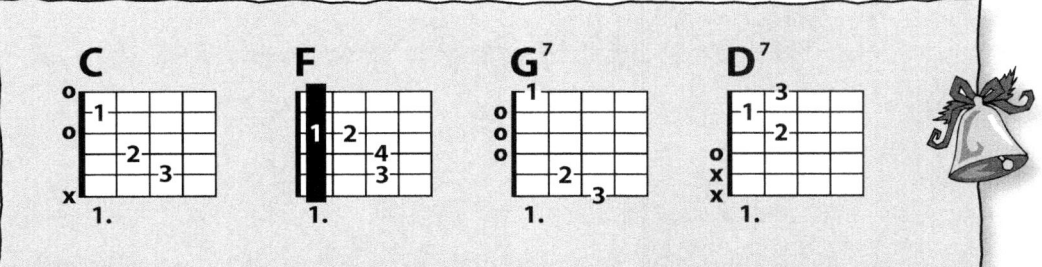

O Sanctissima

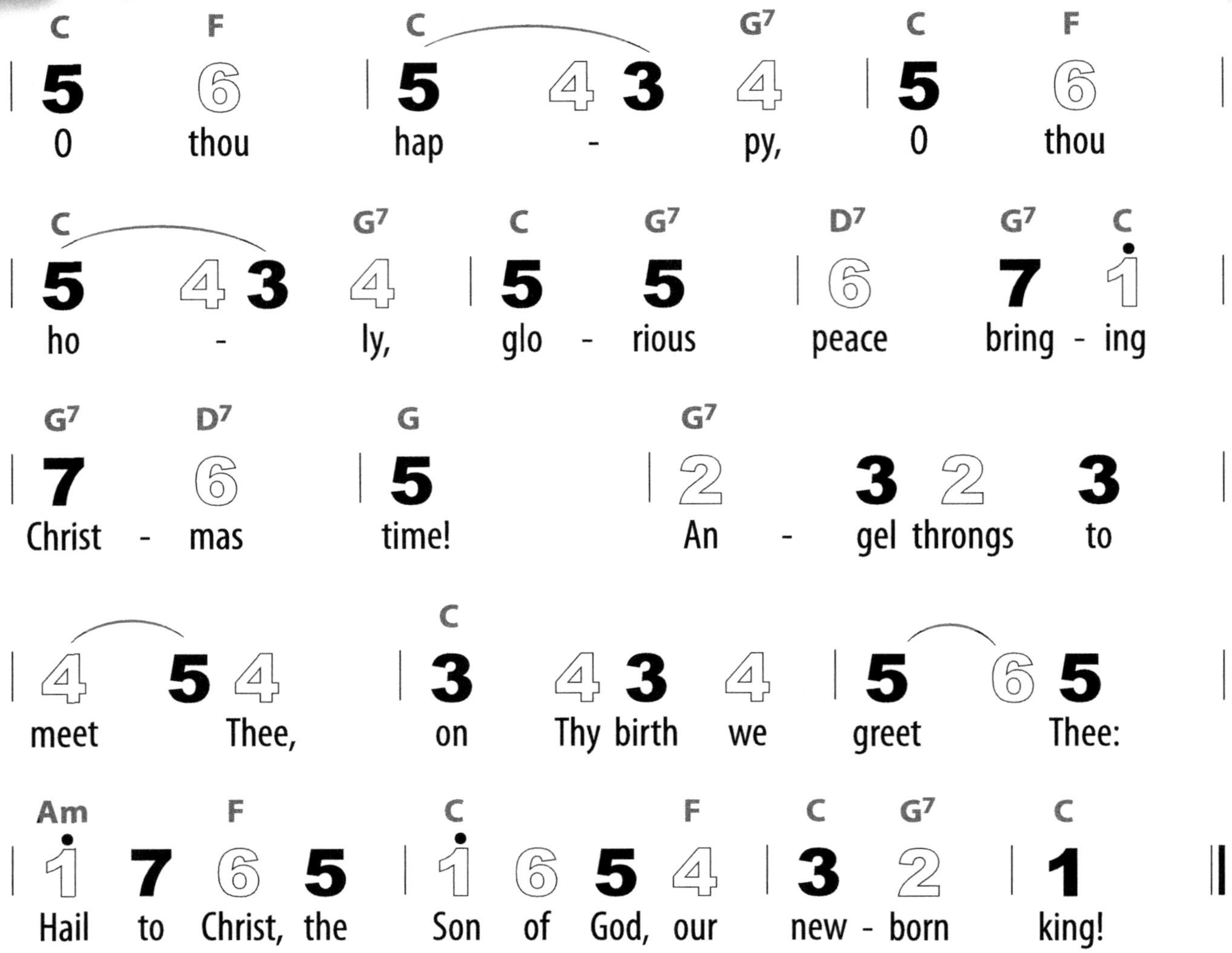

C	F	C		G7	C	F
5	**6**	**5** **4**	**3**	**4**	**5**	**6**
O	thou	hap -	py,	O		thou

C		G7	C	G7	D7	G7	C
5	**4** **3**	**4**	**5**	**5**	**6**	**7**	**1**
ho	- ly,	glo -	rious	peace		bring	- ing

G7	D7	G		G7		
7	**6**	**5**		**2**	**3** **2**	**3**
Christ	- mas	time!		An	- gel throngs	to

		C				
4	**5** **4**	**3**	**4** **3**	**4**	**5**	**6** **5**
meet	Thee,	on	Thy birth	we	greet	Thee:

Am	F	C	F	C	G7	C
1 **7**	**6** **5**	**1** **6**	**5** **4**	**3** **2**		**1**
Hail to	Christ, the	Son of	God, our	new - born		king!

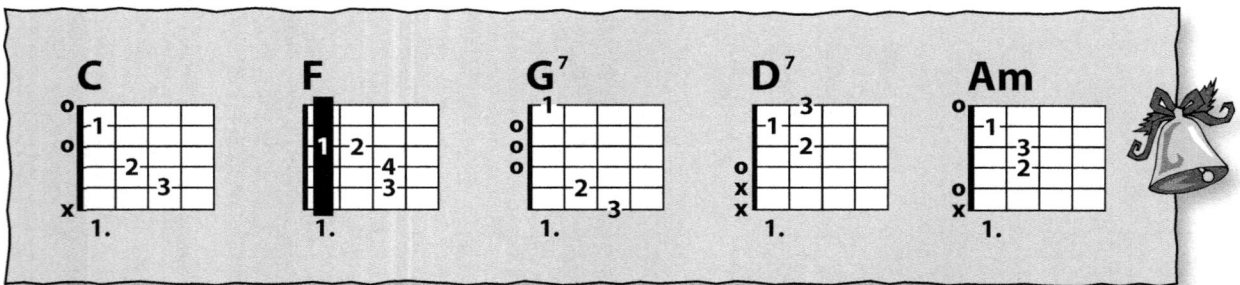

The boar's head carol

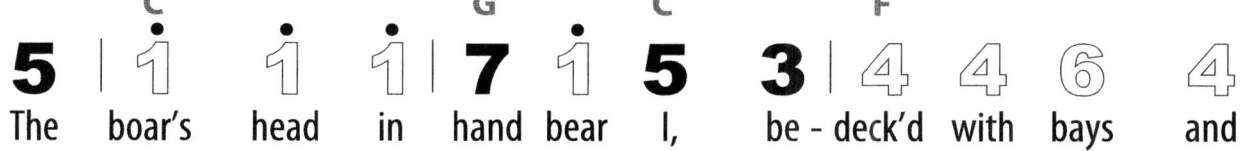

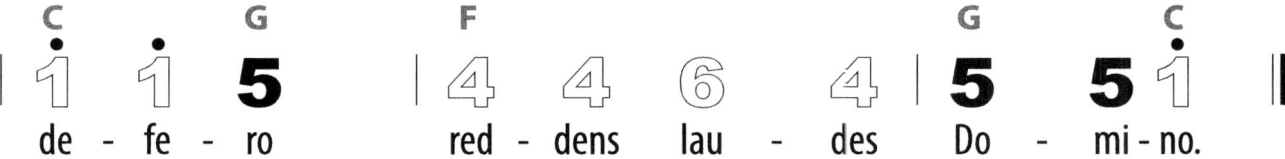

2. The boar's head, as I understand,
   is the rarest dish in all this land,
   which thus bedeck'd with a gay garland,
   let us servire cantico.
   Caput apri defero,
   reddens laudes Domino.

3. Our steward hath provided this
   in honour of the King of Bliss,
   which on this day to be served is,
   in reginens atrio.
   Caput apri defero,
   reddens laudes Domino.

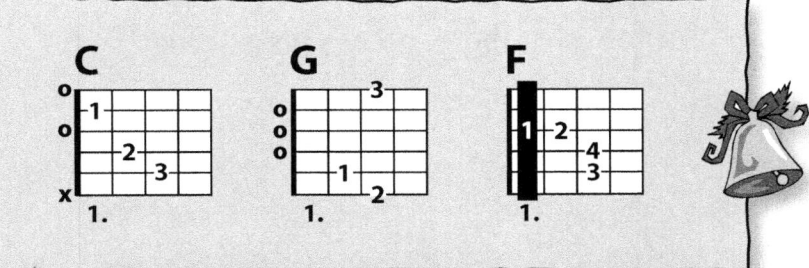

Hark! The herald angels sing

G				D⁷	G		D⁷	
2	5	5	5	5 7 ⌢ 7 6	2̇	2̇	2̇	1̇
Hark!	The	her -	ald	an - gels sing,	"Glo -	ry	to	the

G	D⁷	G	G					A⁷	
7	6	7	2	5	5	5	5 7 ⌢ 7	6
new -	born	King!	Peace	on	earth	and	mer - cy	mild,

D				A⁷	D		G			
2̇	6	6	5	3	3	2	2̇	2̇	2̇	5
God	and	sin -	ners	re -	con -	ciled."	Joy -	ful	all	ye

D⁷				G				D⁷			
1̇	7 ⌢ 7	6	2̇	2̇	2̇	5	1̇	7 ⌢ 7	6
na -	tions rise;	join	the	tri -	umph	of	the skies.

E⁷				Am			D⁷		G		
3̇	3̇	3̇	2̇	1̇	7	1̇	6	7 ⌢ 1̇	2̇	5
With	an -	ge -	lic	host	pro -	claim:	"Christ	is born	in

	D⁷	G		E⁷				
5	6	7	3̇	3̇	3̇	2̇
Beth -	le -	hem."	Hark!	The	her -	ald

Am			D⁷		G		D⁷		G	
1̇	7	1̇	6	7 ⌢ 1̇	2̇	5	5	6	5
an -	gels	sing,	"Glo -	ry	to	the	new -	born	King!"

2. Christ by highest heav'n adored,
   Christ the everlasting Lord!
   Late in time behold Him come,
   offspring of a virgin's womb.
   Veiled in flesh the Godhead see,
   hail the incarnate deity!
   Pleased as man with man to dwell,
   Jesus, our Emmanuel,
   Hark! The herald angels sing,
   "Glory to the newborn king!"

3. Hail the heav'n-born prince of peace,
   hail the son of righteousness!
   Light and life to all He brings,
   Ris'n with healing in His wings.
   Mild He lays His glory by,
   born that man no more may die!
   Born to raise the sons of earth,
   born to give them second birth!
   Hark! The herald angels sing,
   "Glory to the newborn king!"

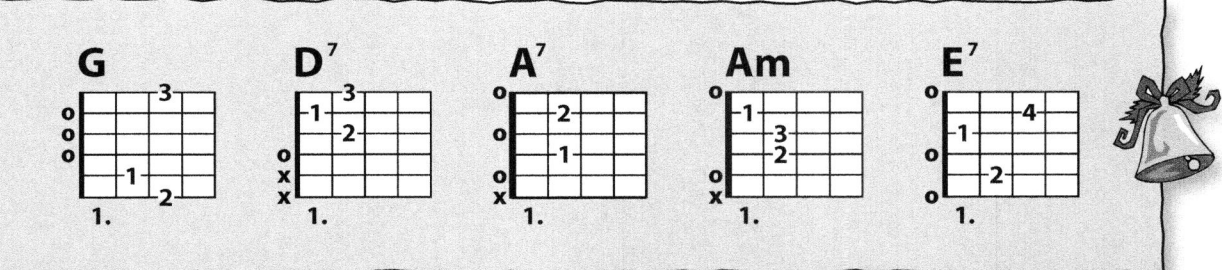

I saw three ships

G		C			G		C	
2	5	5	6	7	2	7	6	1
I	saw	three	ships	come	sail	- ing	in	on

G			D7				G		C	
7	5 5	7	6	6 2	2	5	5	6	7
Christ - mas Day,	on	Christ - mas Day;	I	saw	three ships	come

G		C		G				D7	G
2	7	6	1	7	5	5	6	7	6	5
sail - ing	in	on	Christ - mas Day	in	the	morn - ing.

2. And what was in those ships all three,
   on Christmas Day, on Christmas Day?
   And what was in those ships all three,
   on Christmas Day in the morning?

3. The Virgin Mary and Christ were there,
   on Christmas Day, on Christmas Day;
   The Virgin Mary and Christ were there,
   on Christmas Day in the morning.

4. Pray, wither sailed those ships all three,
   on Christmas Day, on Christmas Day;
   Pray, wither sailed those ships all three,
   on Christmas Day in the morning.

5. O they sailed into Bethlehem,
   on Christmas Day, on Christmas Day;
   O they sailed into Bethlehem,
   on Christmas Day in the morning.

6. And all the bells on earth shall ring,
   on Christmas Day, on Christmas Day;
   And all the bells on earth shall ring,
   on Christmas Day in the morning.

7. And all the Angels in Heaven shall sing,
   on Christmas Day, on Christmas Day;
   And all the angels in heaven shall sing,
   on Christmas Day in the morning.

8. And all the souls on earth shall sing,
   on Christmas Day, on Christmas Day;
   And all the souls on earth shall sing,
   on Christmas Day in the morning.

9. Then let us all rejoice again,
   on Christmas Day, on Christmas Day;
   Then let us all rejoice again,
   on Christmas Day in the morning.

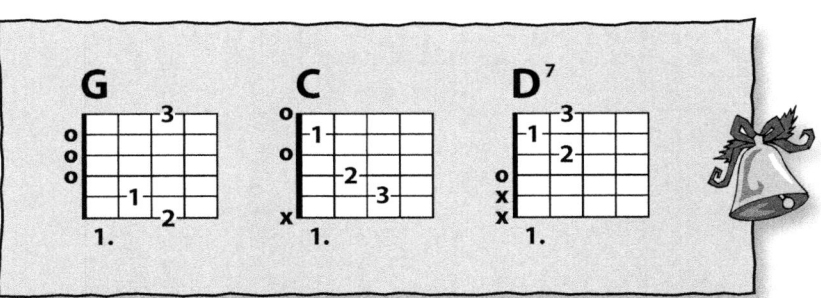

Go, tell it on the mountain

G			C	G		D⁷				
7	**7**	6 **5**	**3**	2 **5**		6 6	**5**	6	**5** 6	

Go, tell it on the moun - tain   o - ver   the hills and

G					C	G			C	
7 5	**3**	2		**7**	**7**	6 **5**	**3**	2 **5**	1	

ev' - ry - where.   Go, tell it on the moun - tain that

G		D⁷		G		D⁷		
7 7	6	6	**5**	**2**	6	**5**	6	

Je - sus   Christ   is   born.   When   I   was   a

G		D⁷					G		
7 5	2	6	6 **5**	6	**7** **2̇**	2̇			

see - ker   I sought both night and day.   I

D⁷			G		C G	D⁷		G
6	6 **5** 6	**7 5**	1	**7**	**5**	6 6	**5**	

asked the Lord to help me and He showed me the way.

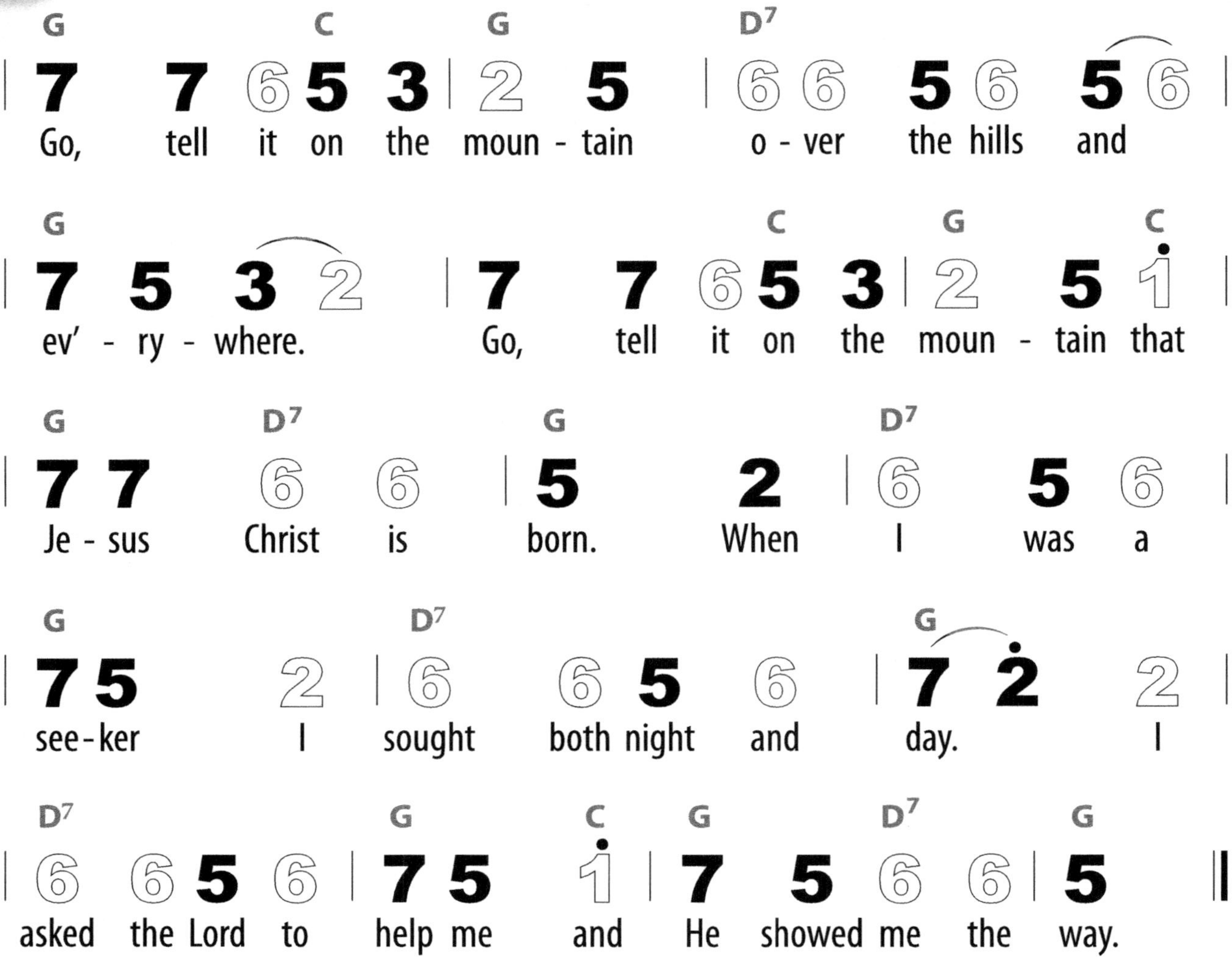

2. He made me a watchman upon the city wall,
   and if I am a Christian I am the least of all.

3. 'T was a lowly manger that Jesus Christ was born.
   The Lord sent down an angel that bright and glorious morn'.

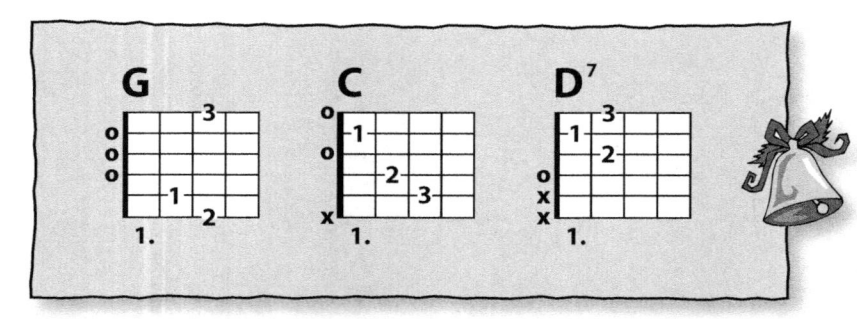

28

Twinkle, twinkle, little star

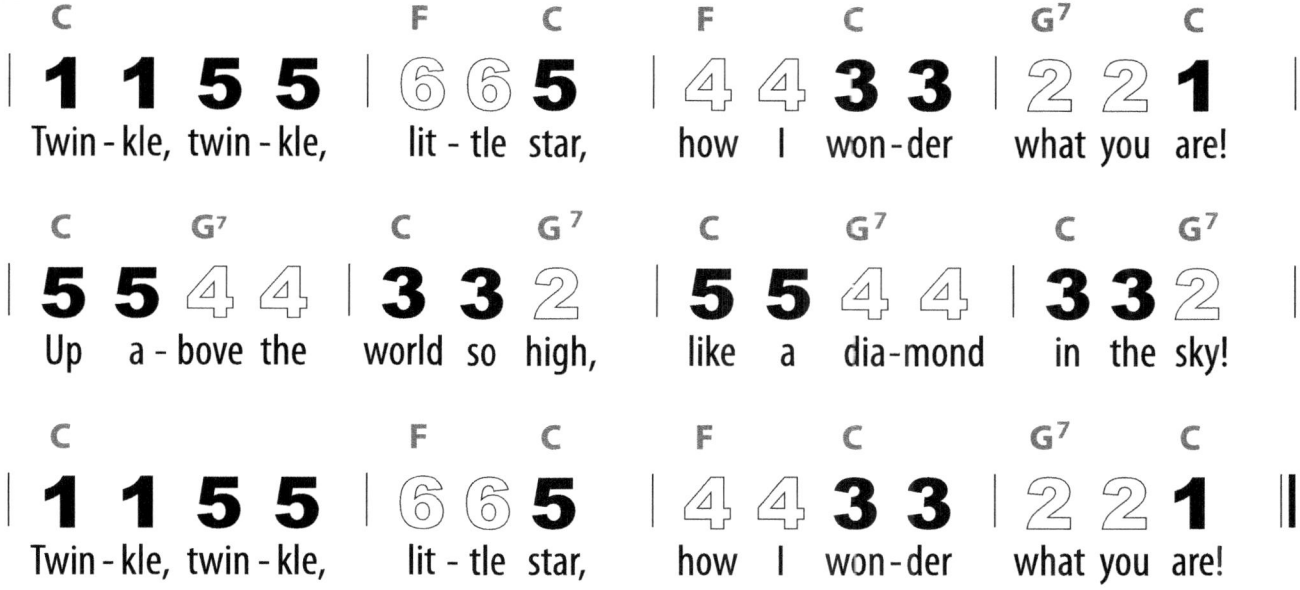

2. When the blazing sun is gone,
   when he nothing shines upon,
   then you show your little light,
   twinkle, twinkle, all the night.

3. Then the traveller in the dark,
   thanks you for your tiny spark,
   he could not see which way to go,
   if you did not twinkle so.

4. In the dark blue sky you keep,
   and often through my curtains peep,
   for you never shut your eye,
   till the sun is in the sky.

5. As your bright and tiny spark,
   lights the traveller in the dark,
   though I know not what you are,
   twinkle, twinkle, little star.

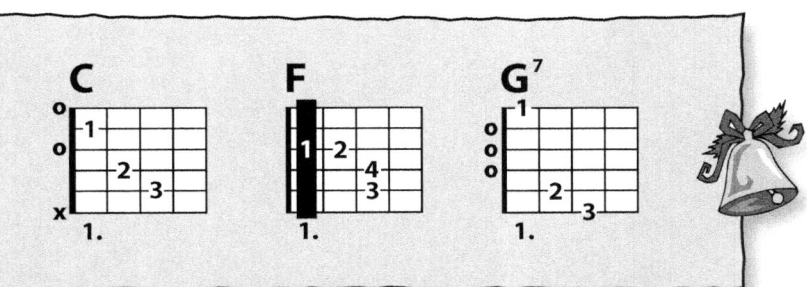

Joy to the world

C						G
1̇·	**7**	6 | **5**	4 | **3**	**2** |		
Joy	to	the world,	the Lord	is		

C		F		G		C
1	**5** | 6	6 | **7**	**7** | **1̇·** |			
come!	Let	earth	re - ceive	her King;		

1̇ | 1̇ **7** 6 **5** | **5** 4 **3** 1̇ |
Let   eve - ry   hea - rt   pre -

1̇· **7** 6 **5** | **5** 4 **3** **3** | **3** **3** **3** **3** 4 |
pare   Him   room   and   heav'n   and   na - ture

	G						
5 | 4 **3** | 2 2 2 2 **3** | 4 **3** 2 |							
sing,   and   heav'n   and   na - ture   sing,   and

C	F	C		G	C
1 1̇· | 6 | **5** 4 **3** 4 | **3** 2 | **1** | |					
hea - v'n   and   hea - v'n   and   na - ture   sing.

2. Joy to the world, the savior reigns.
   Let men their songs employ.
   While fields and floods, rocks, hills, and plains,
   repeat the sounding joy,
   repeat the sounding joy,
   repeat, repeat the sounding joy.

3. No more let sin and sorrows grow,
   nor thorns infest the ground,
   He comes to make His blessings flow,
   far as the curse is found,
   far as the curse is found,
   far as, far as the curse is found.

4. He rules the world with truth and grace,
   and makes the nations prove,
   the glories of His righteousness,
   and wonders of His love,
   and wonders of His love,
   and wonders, wonders of His love.

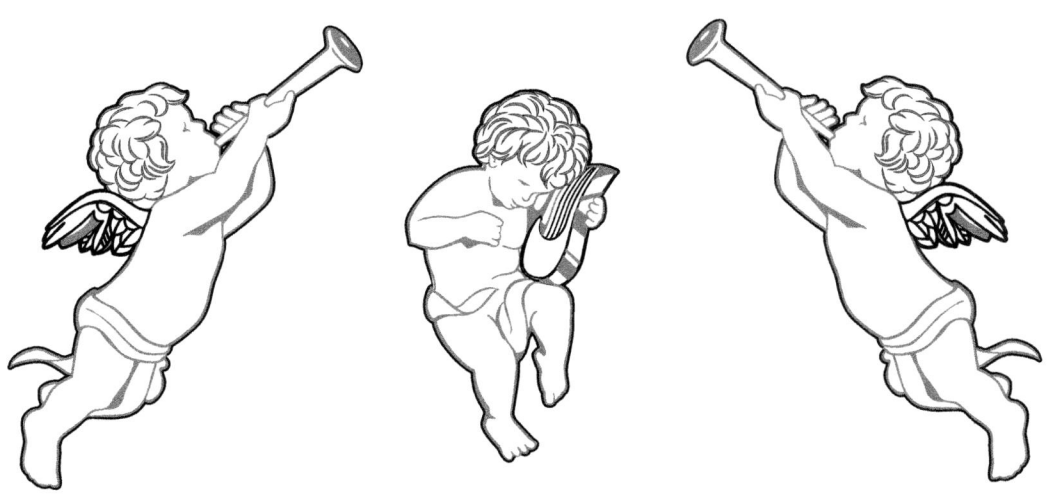

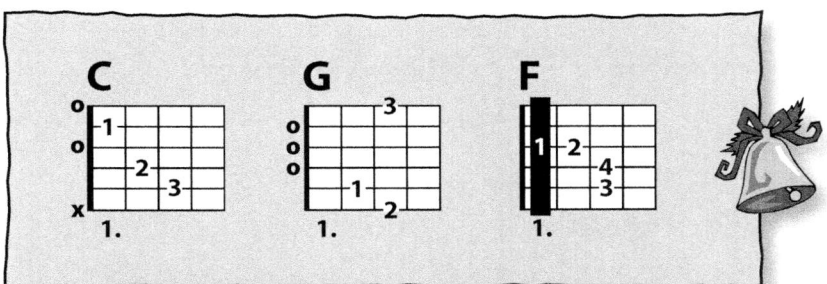

O come, little children

C						
5	**5**	**3 5**	**5**	**3 5**		
O,	come,	lit - tle	child - ren,	o,		

G			**C**			
4	2 4	**3**	**5** **5**	**3 5**		
come,	one and	all,	to Beth -	le - hem's		

G			**C**	
5 3 5	4	2 4	**3**	**3**
stab - le, in	Beth -	le - hem's	stall.	And

G	**Dm**	**Am**	**F**
2 2 2	4 4 4	**3 3 3**	6 6
see with re -	joic - ing this	glo - ri - ous	sight, our

C		**G**	**C**
5 5 5	1 **5 3**	**5** 4 2	**1**
Fath - er in	hea - ven has	sent us this	night.

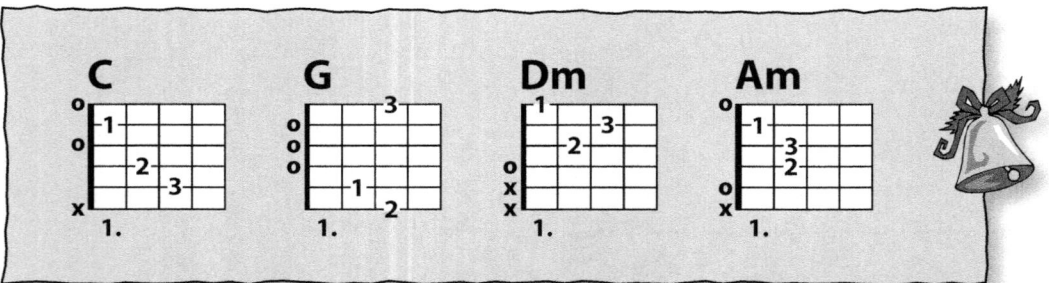

Jingle bells

C						F	
3	**3**	**3**	**3**	**3**	**3**	**3**	**5** **1** **2**
Jin - gle	bells!	Jin - gle	bells!	Jin - gle	all	the	

C	F				C			
3	4	4	4	4	4	**3**	**3**	**3**
way!	Oh,	what	fun	it	is	to	ride	a

D				G		C		
3	2	2	**3**	2	5	**3**	**3**	**3**
one - horse	o - pen	sleigh!	Jin - gle	bells!

			F			C	
3 **3** **3**	**3** **5** **1** 2	**3**
Jin - gle bells!	Jin - gle all the	way!

F				C			G		C
4 4 4 4	4 **3** **3**	**3** **5** **5** 4 2	**1**
Oh, what fun it	is to ride a	one-horse o - pen	sleigh!

While shepherds watched

```
       C              G7             C
| 3   4| 5   1̇   7   6| 5   1   2   3   3   4|
 While   shep-herds watched their flocks by  night  all

                   C   G7
| 5   5   5   4   3| 3   2   7   1̇   2̇   5   4   4|
 seat-ed  on  the  ground;   the  an-gel  of  the

  F           C              F             C
| 4   3   2   3   1̇   7| 6   5   4   3   |
 Lord came down and      glo-ry shone  a-

  F   G7         C          G7          C
| 6   5   2̇ | 5   1̇   3   2 | 1        ||
 round   and   glo-ry shone  a - round.
```

34

2. "Fear not," he said
   for mighty dread,
   had seized their troubled minds;
   "Glad tidings of great joy I bring,
   to you and all mankind,
   to you and all mankind."

3. "To you in David's
   town this day,
   is born of David's line;
   the Savior who is Christ the Lord
   and this shall be the sign,
   and this shall be the sign."

4. "The heavenly Babe,
   you there shall find,
   to human view displayed;
   And meanly wrapped in swathing bands,
   and in a manger laid,
   and in a manger laid."

5. Thus spake the seraph,
   and forthwith,
   appeared a shining throng.
   Of angels praising God, who thus
   addressed their joyful song,
   addressed their joyful song.

6. "All glory be to
   God on high,
   and to the earth be peace;
   Goodwill henceforth
   from heaven to men,
   begin and never cease
   begin and never cease!"

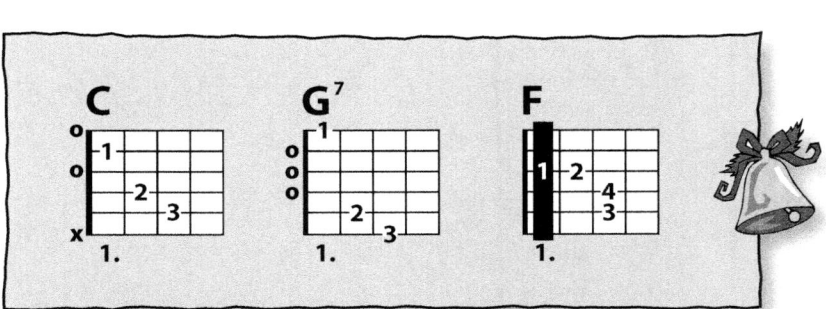

Angels we have heard on high

G				D⁷		G				
7	**7**	**7**	**2̇**	**2̇**	**1̇**	7	7	6	7	2̇
An-	gels	we	have	heard	on	high		sweet-	ly	sing- ing

D⁷		G				D⁷	G		
7	6	5	**7**	**7**	**7**	**2̇**	**2̇**	**1̇**	7
o'er	the	plains.	And	the	moun-	tains	in	re-	ply,

				D⁷	G		Em			
7	6	**7**	**2̇**	**7**	6	5	**2̇**	**3̇**	**2̇**	**1̇** 7
ech-	o-	ing	their	joy-	ous	strains.	Glo	-	-	-

Am	D⁷				G	C			D⁷	
1̇	**2̇**	1̇	7	6	7	1̇	7	6 5	6	2 2
-	-	-	-	-	-	-	-	-	ri -	a

G				D⁷	G		Em			
5	6	7	**1̇**	7	6	**2̇**	**3̇**	**2̇**	**1̇** 7
in	ex-	cel-	sis	De-	o,	Glo	-	-	-

Am	D⁷				G	C			
1̇	**2̇**	1̇	7	6	7	1̇	7	6	5
-	-	-	-	-	-	-	-	-	-

D⁷			G				D⁷		G
6	2 2	**5**	6	7	**1̇**	7	6	**5**
- ri-	a	in	ex-	cel-	sis	De	-	o.

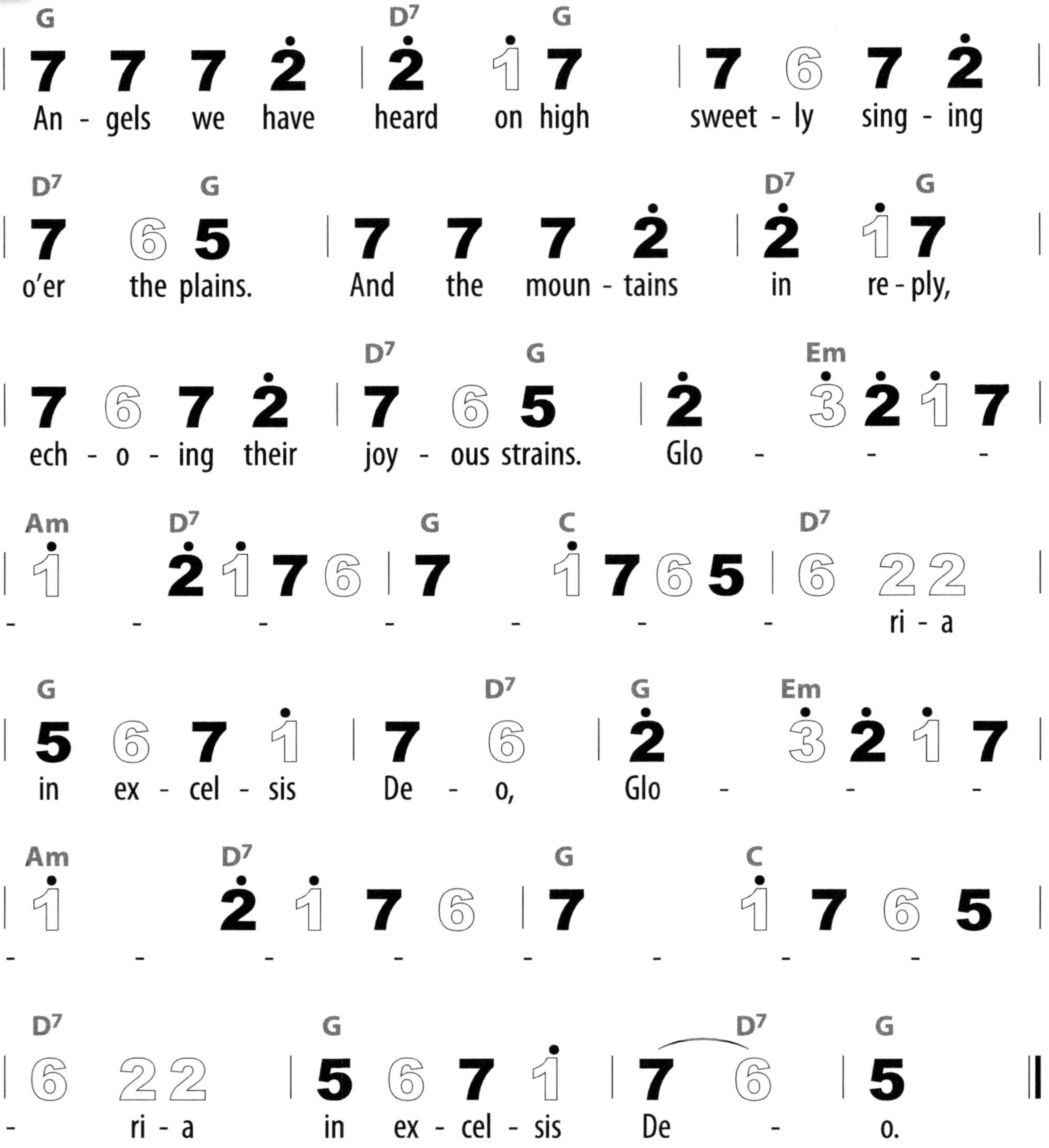

2. Shepherds, why this jubilee?
   Why your joyous strains prolong?
   What the gladsome tidings be
   which inspire your heavenly song?

3. Come to Bethlehem and see,
   Him whose birth the angels sing;
   Come, adore on bended knee
   Christ, the Lord, the newborn King!

4. See Him in a manger laid,
   Jesus, Lord of heaven and earth!
   Mary, Joseph, lend your aid,
   with us sing our Savior's birth.

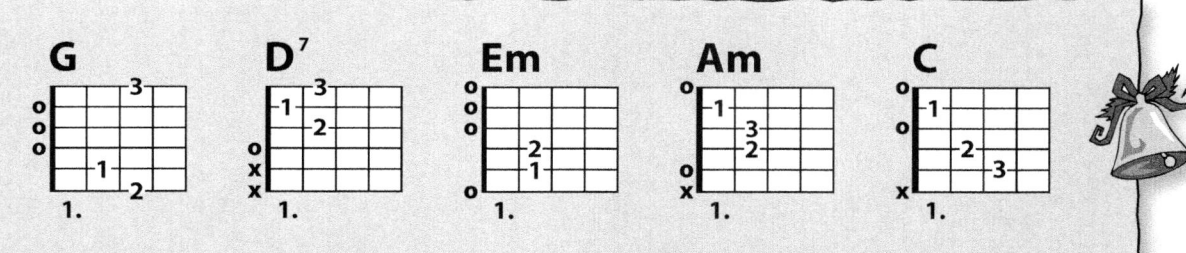

Deck the halls

C				G		Am		C	G		C	
5	4	**3**	2	**1**	2	**3**	**1**	2	**3**	4 2	**3**	2
Deck	the	halls	with	boughs	of	hol-	ly,	fa	la	la la	la,	la

G	C		G				Am		C	
1	2	**1**	**5**	4	**3**	2	**1**	2	**3**	**1**
la	la	la.	'Tis	the	sea-	son	to	be	jol-	ly,

G	C			G	C	G			
2	**3**	4 2	**3**	2	**1**	2	**1**	2	**3** 4 2
fa	la	la la	la,	la	la	la	la.	Don	we now our

C				Em			Am		
3	4	**5**	**3**	**3**	4	**5**	**6**	**7**	**i**
gay	ap-	par-	el,	fa	la	la	la	la	la

D⁷	G	C	G			Am		C	
7	6	**5**	**5**	4	**3**	2	**1**	2	**3**	**1**
la	la	la.	Troll	the	an-	cient	yule-	tide	car- ol.

F				C			G	C	
6	6	6	6	**5**		4	**3**	2	**1**
Fa	la	la	la	la,		la	la	la	la.

2. See the blazing Yule before us,
   fa-la-la-la-la, la-la-la-la,
   strike the lamp and join the chorus,
   fa-la-la-la-la, la-la-la-la.
   Follow me in merry measure,
   fa-la-la-la-la, la-la-la-la,
   while I tell of yuletide treasure,
   fa-la-la-la-la, la-la-la-la.

3. Fast away the old year passes,
   fa-la-la-la-la, la-la-la-la,
   hail the new year, ye lads and lasses,
   fa-la-la-la-la, la-la-la-la.
   Sing we joyous all together,
   fa-la-la-la-la, la-la-la-la,
   heedless of the wind and weather,
   fa-la-la-la-la, la-la-la-la.

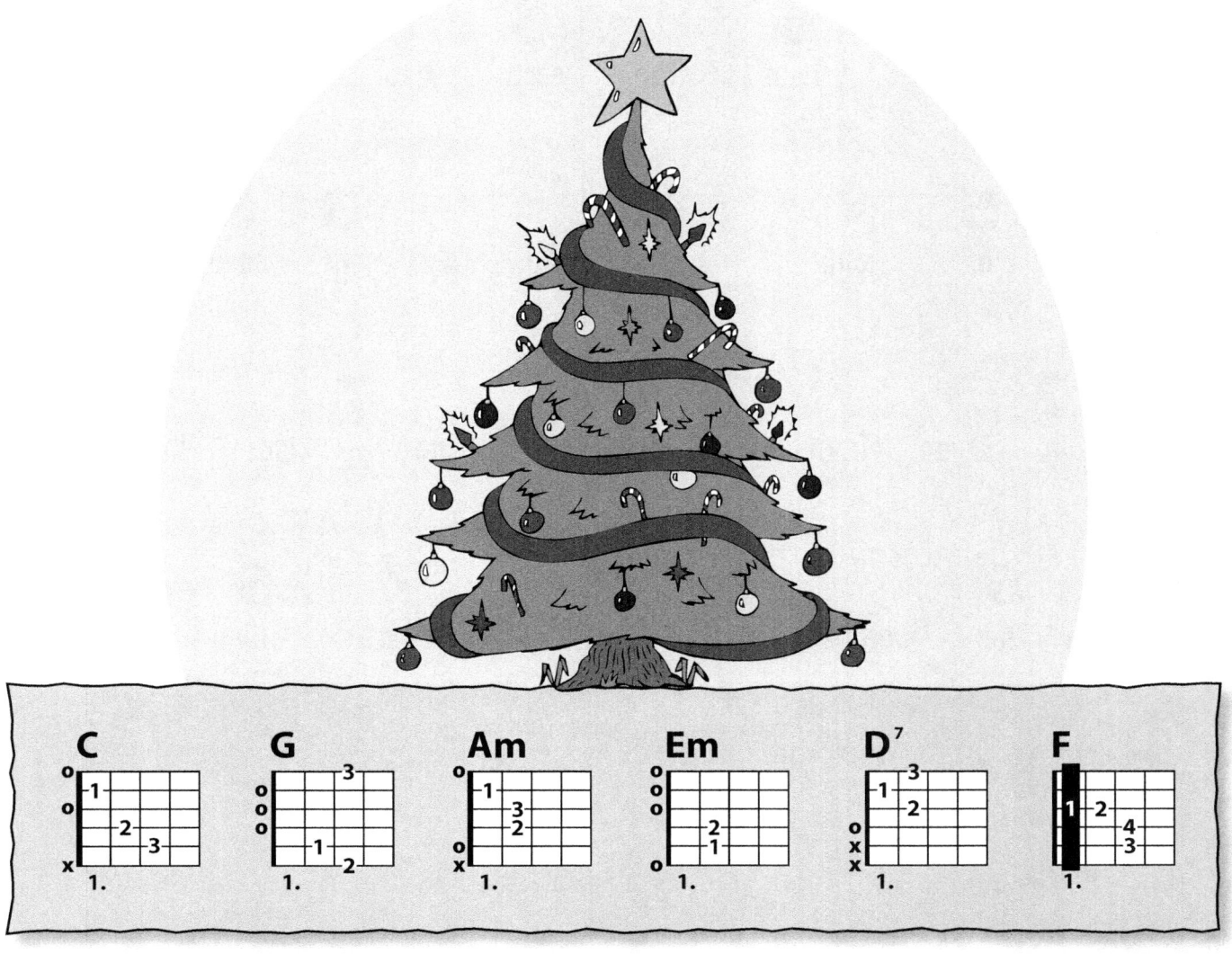

It came upon a midnight clear

C		F			C	F	C	
5	3̇	7	2̇	1̇	6	5	6̇	5 5

It came up - on a mid - night clear, that

F			D⁷			G		C		
6	7	1̇	1̇	2̇	3̇	2̇		5	2̇	7

glor - i - ous song of old. From an - gels

F		C				F	
2̇	1̇	7	5	6	5	5	6	6

ben - ding near the earth to touch their

G			C		E⁷			
7	6	5	1̇		3̇	3̇	3	3	3

harps of gold: "Peace on the earth, good-

Am				D⁷					G
6	7	1̇	3̇	2̇	1̇	7	6	7	6	5

will to men, from heaven's all gra - cious King!"

C		F				C	F
5	3̇	7	2̇	1̇	7	5	6

The world in sol - emn still - ness

C	F	G		C		
5 5	6 6	7 6	5	1̇		

lay to hear the an - gels sing.

2. Still through the cloven skies they come,
   with peaceful wings unfurled;
   And still their heavenly music floats,
   o'er all the weary world.
   Above its sad and lowly plains,
   they bend on hovering wing.
   And ever o'er its Babel sounds
   The blessed angels sing.

3. O ye beneath life's crushing load,
   whose forms are bending low;
   Who toil along the climbing way
   with painful steps and slow.
   Look now, for glad and golden hours
   come swiftly on the wing.
   Oh rest beside the weary road,
   and hear the angels sing.

4. For lo! the days are hastening on,
   by prophets seen of old;
   When with the ever-circling years,
   shall come the time foretold.
   When the new heaven and earth shall own,
   the prince of peace, their king.
   And the whole world send back the song,
   which now the angels sing.

Still, still, still

G	D⁷	G		D⁷	G	
7	6	**5**	2	**7** 7	6 6	**5**	2

Still, still, still, the night is cold and chill! The

Am	D⁷	G	Em	Am	D⁷
1̇ 1̇	6 6	2̇ 2̇ 7 7		1̇ 1̇	6 6

vir - gin's ten - der arms en - fol - ding, warm and safe the

G	Em	G	D⁷	G	D⁷	G
2̇ 2̇ 7 7		7	6	5	2	7 7	6 6	5

Christ child hold-ing. Still, still, still, the night is cold and chill.

2. Dream, dream, dream,
   He sleeps, the Savior King.
   While guardian angels watch beside Him,
   Mary tenderly will guide Him.
   Dream, dream, dream,
   He sleeps, the Savior King.

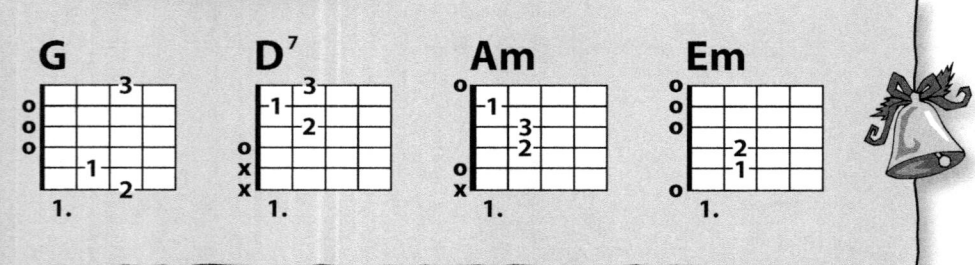

Away in a manger

	G					
2̇	2̇	1̇	7	7	6	5
A -	way	in	a	man -	ger,	no

C			G		D⁷		
5	5	3	2	2	2	3	2
crib	for	His	bed,	the	litt	- le	Lord

			G				
2	6	6	3	2	5	7	2̇
Je -	sus	laid	down	His	sweet	head.	The

				C			G
2̇	1̇ 7	7	6 5	5 5	3	2	2
stars	in the	bright	sky looked	down where	He	lay,	the

D⁷		G		Am		D⁷	G
1̇	7 6	7	6 5	6	3	6	5
lit -	tle Lord	Je -	sus, a -	sleep	on	the	hay.

2. The cattle are lowing
the poor baby wakes.
But little Lord Jesus
no crying He makes.

I love Thee, Lord Jesus,
look down from the sky
and stay by my side,
'til morning is nigh.

3. Be near me, Lord Jesus,
I ask Thee to stay.
Close by me forever
and love me I pray.

Bless all the dear children
in Thy tender care
and take us to heaven
to live with Thee there.

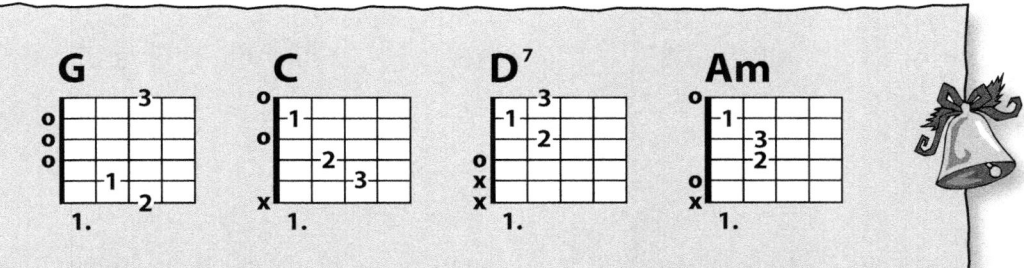

43

Jesu, joy of man's desiring

C		G						C	
3	4	**5**	**5**	4	**3**	2	2	**3**	4
Je-	su,	joy	of	man's	de-	si-	ring,	ho-	ly

		G				C				
5	**3**	2	**3**	4	**3**	2	**1**	**3**	4	**5**	**5**
wis-	dom,	love			most		bright.	Drawn	by	Thee,	our

G				C				G			
4	**3**	2	2	**3**	4	**5**	**3**	2	**3**	4	**3**	2
souls	as-	pir-	ing,	soar	to	un-	cre-	at-			ed

C		G				C			G		
1	2	**3**	4	4	**3**	4	**5**	**3**	2	2
light.	Word	of	God,	our	flesh	that		fash-	ioned,

				C⁷				F		
4	**5**	6	6	**5**	6	**5**	**5**	4	4
with	the	fire	of	life		im-	pas-	sioned,

C		G					C	
3	4	**5**	**5**	4	**3**	2	**3**	4
Striv-	ing	still	to	truth	un-	known,	soar-	ing,

		G					C	
5	**3**	2	**3**	4	**3**	2	**1**
dy-	ing	'round			Thy		throne.

2. Through the way where hope is guiding,
   hark, what peaceful music rings;
   Where the flock, in Thee confiding,
   drink of joy from deathless springs.

Theirs is beauty's fairest pleasure;
theirs is wisdom's holiest treasure.
Thou dost ever lead Thine own,
In the love of joys unknown.

He is born, the holy child

G

| 2 5 5 7 5 | 2 5 5 | 5 5 6 7 1 7 |
He is born, the Ho-ly Child, play the o-boe and

D ... **G**

| 6 5 6 6 2 | 2 5 5 7 5 | 2 5 5 |
bag-pipes mer-ri-ly! He is born, the Ho-ly Child,

D **G**

| 5 6 7 1 7 | 6 2 5 | 7 1 2 1 7 |
sing we all of the Sav-ior mild. 1. Through long a-ges

C **G** ... **D**

| 1 3 2 | 7 1 2 3 2 | 1 7 7 6 |
of the past, proph-ets have be-told His com-ing;

G **C** **G** **D**

| 7 1 2 1 7 | 1 3 2 | 7 1 2 3 2 | 1 7 6 |
through long a-ges of the past, now the time has come at last!

46

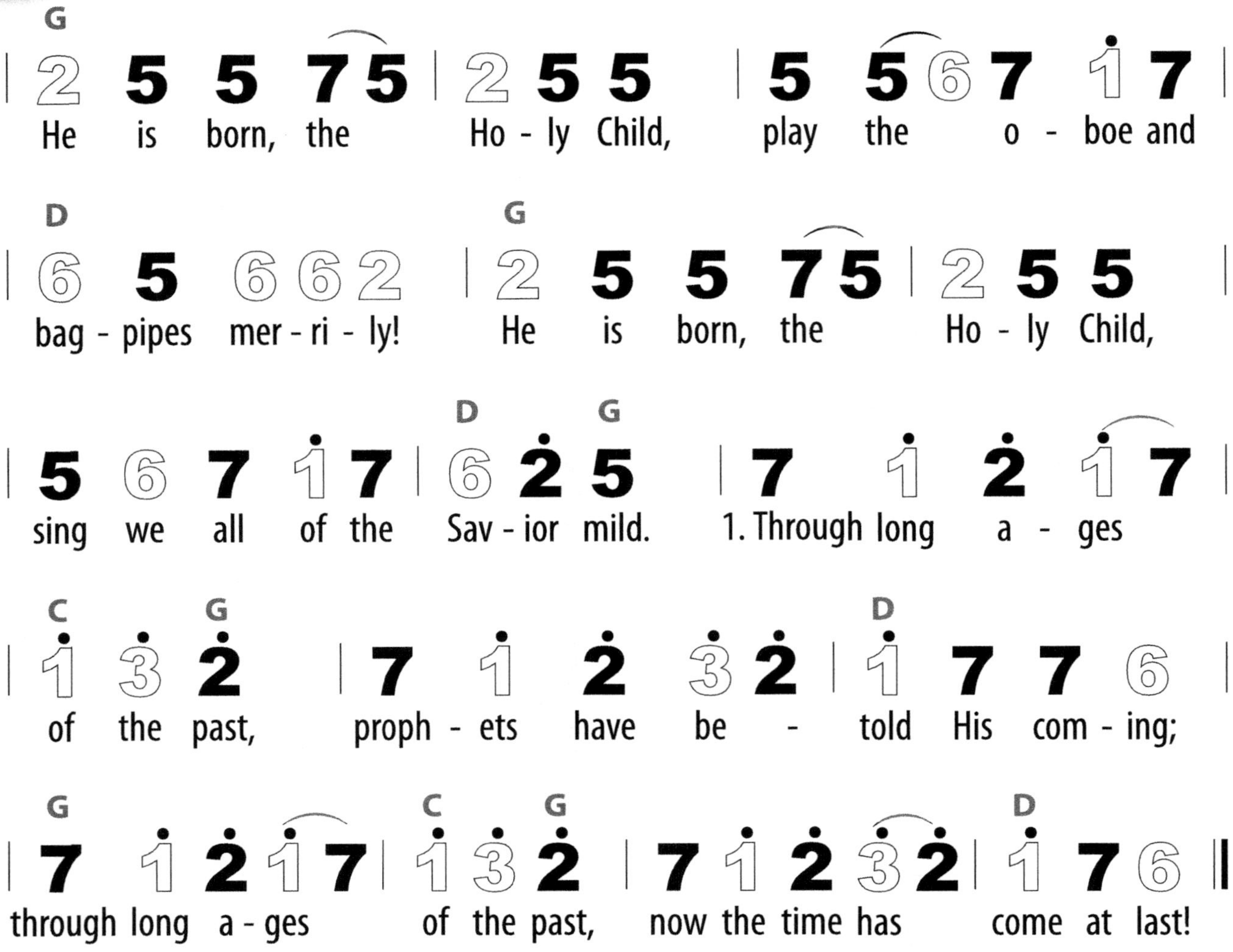

Chorus
He is born, the holy child,
play the oboe and bagpipes merrily!
He is born, the holy child,
sing we all of the Savior mild.

2. O how lovely, O how pure,
is this perfect child of heaven;
O how lovely, O how pure,
gracious gift of God to man!
He is born, the holy child . . .

3. Jesus, Lord of all the world,
coming as a child among us,
Jesus, Lord of all the world,
grant to us Thy heavenly peace.
He is born, the holy child . . .

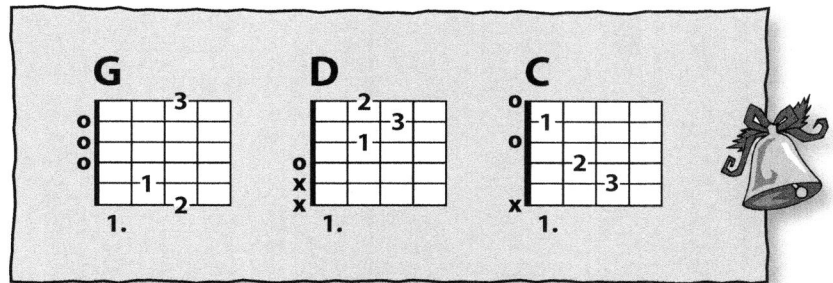

Jolly old Saint Nicholas

F				A⁷			Dm			
6	6	6	6	5	5	5	4	4	4	4
Jol-	ly	old	Saint	Nich-	o-	las,	lean	your	ear	this

F	B♭				F		
6	2	2	2	2	1	1	4
way.	Don't	you	tell	a	sin-	gle	soul

G⁷				C⁷		F			
5	4	5	6	5		6	6	6	6
what	I'm	going	to	say.		Christ-	mas	Eve	is

A⁷			Dm				F
5	5	5	4	4	4	4	6
com-	ing	soon.	Now,	you	dear	old	man,

B♭				F			G⁷	C⁷		F
2	2	2	2	1	1	4	5	4	5	6	4
whis-	per	what you'll		bring	to	me;	tell	me	if	you	can.

2. When the clock is striking twelve,
   when I'm fast asleep,
   down the chimney broad and black,
   with your pack you'll creep;
   All the stockings you will find
   hanging in a row;
   Mine will be the shortest one,
   you'll be sure to know.

3. Johnny wants a pair of skates;
   Susy wants a dolly;
   Nellie wants a story book;
   She thinks dolls are folly;
   As for me, my little brain
   isn't very bright;
   Choose for me, old Santa Claus,
   what you think is right.

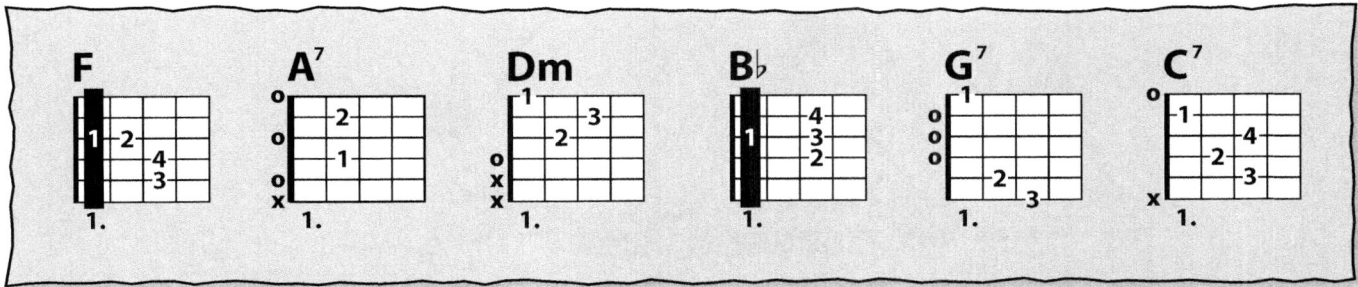

In the bleak midwinter

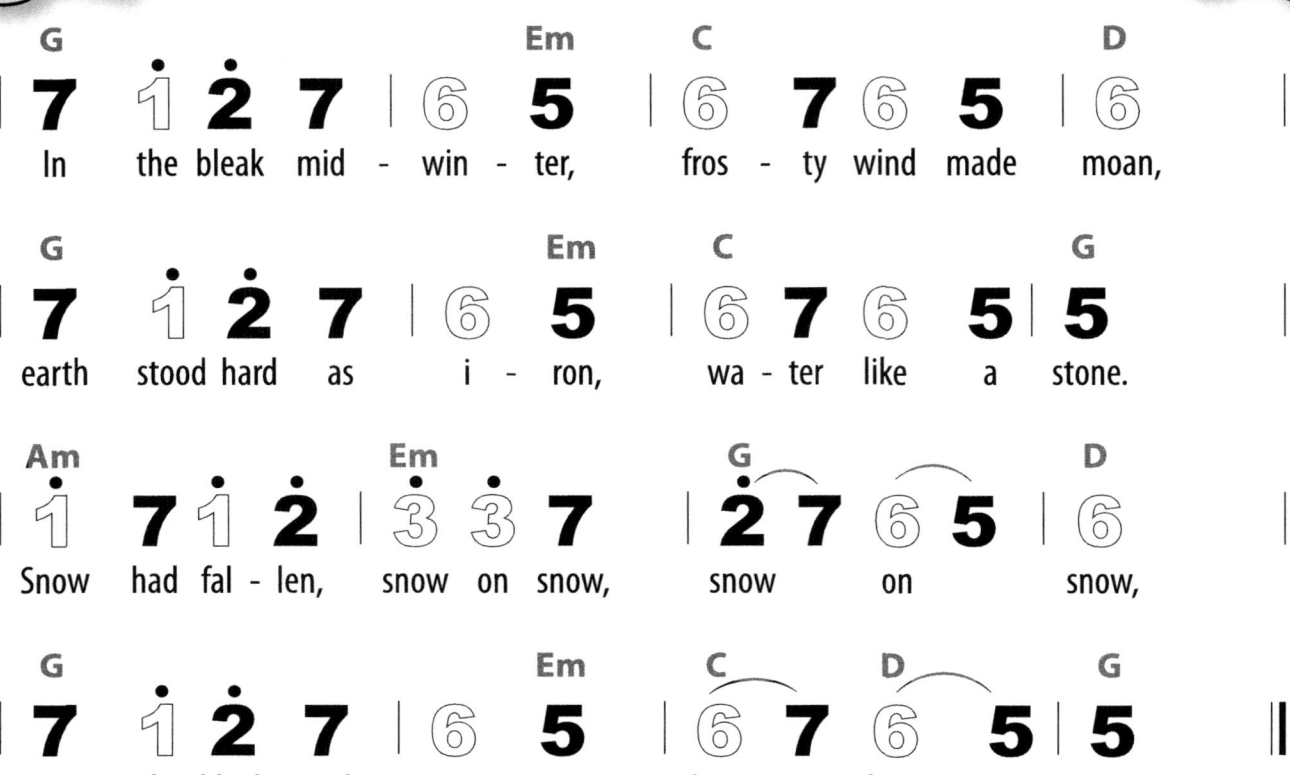

2. Our God, heaven cannot hold him,
   nor earth sustain;
   Heaven and earth shall flee away,
   when He comes to reign.
   In the bleak midwinter,
   a stable place sufficed,
   the Lord God incarnate,
   Jesus Christ.

3. Enough for him, whom Cherubim,
   worship night and day;
   A breast full of milk,
   and a manger full of hay.
   Enough for him, whom angels,
   fall down before,
   the ox and ass and camel,
   which adore.

4. Angels and archangels,
   may have gathered there;
   Cherubim and seraphim,
   thronged the air.
   But his mother only,
   in her maiden bliss,
   worshipped the beloved,
   with a kiss.

5. What can I give him,
   poor as I am?
   If I were a shepherd,
   I would bring a lamb.
   If I were a wise man,
   I would do my part,
   yet what I can I give Him –
   give my heart.

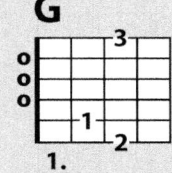
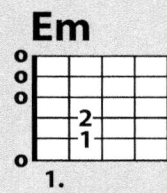
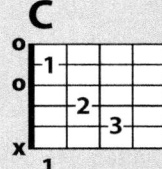
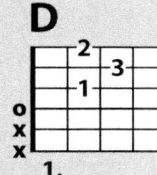
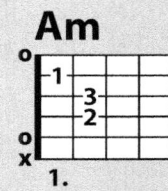

Here we come a-wassailing

C							G7		
1	2	**3**	2	**1**	2	**3**	2	**1**	**5** **5** **5**
Here	we	come	a - was - sail-ing			a - mong		the	leaves so

C		F			C		G7		
5		6	6	**5**	**3**	**5**	4	**3**	
green.		Here	we	come	a -	wan -	d'ring	so	

Dm			G7		C		F		
2 **1**	2	**3**	4	**3**	4	**5**	1	6	
fair	to	be	seen.	Love	and	joy	come	to	

C			F		C				
5	**3**	4	**5**	**5**	1	6	**5**	**3**	4
you,	and	to	you	your	was - sail		too.	And	God

A7		Dm		G7		C			
5	6	**3**	4 2	**1**	2	**1**	2	**3**	**1**
bless	you	and	send	you	a	Hap -		py	New

G7		C	A7		Dm	G7	C		
4	**3**	4	**5**	6	**3**	4 2	**1**	2	**1**
Year	and	God	send	you	a	Hap -	py	New	Year.

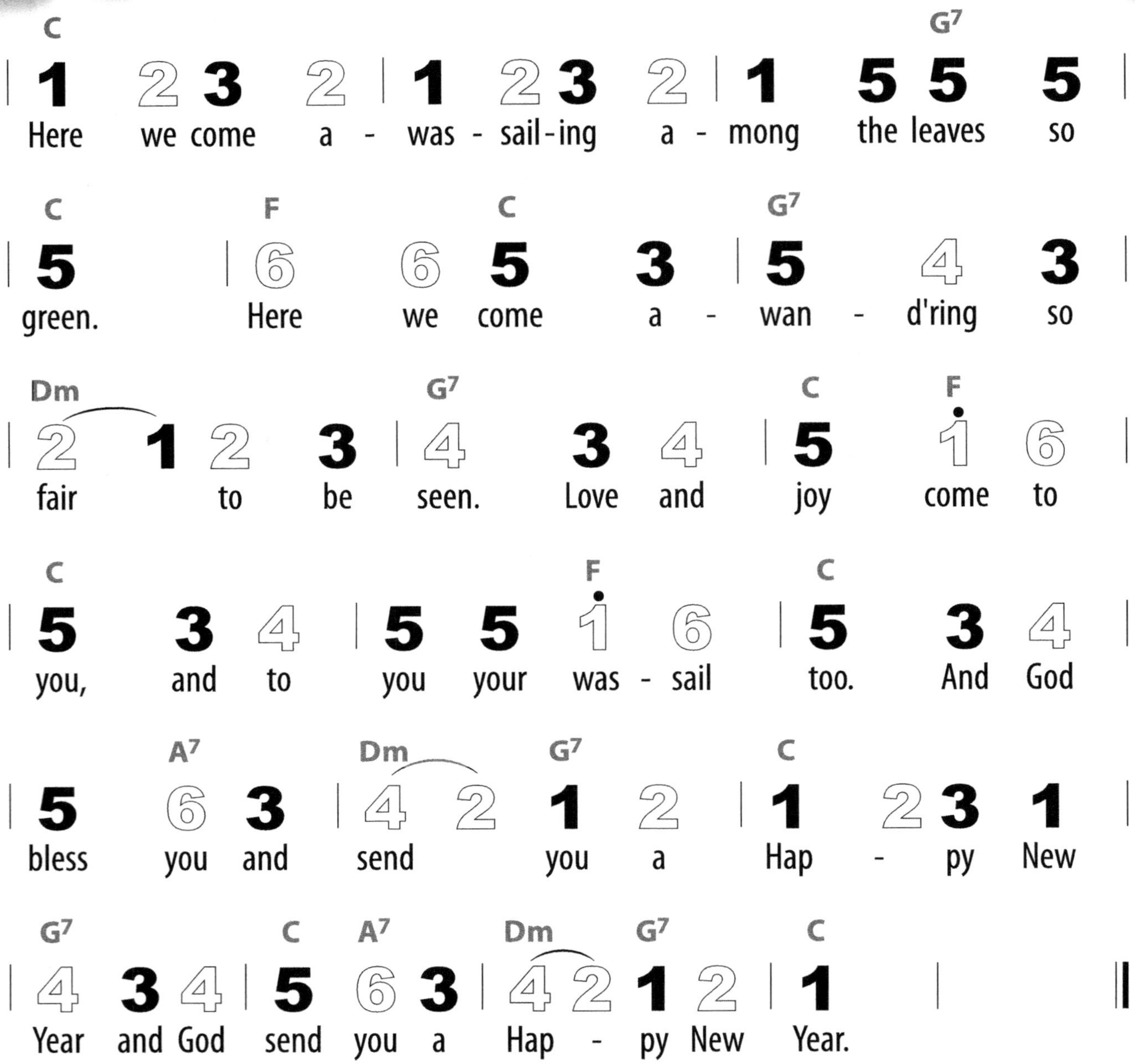

2. Our wassail cup is made
   of the rosemary tree,
   and so is your beer
   of the best barley.
   Love and joy come to you ...

3. We are not daily beggars
   that beg from door to door;
   But we are neighbours' children,
   whom you have seen before.
   Love and joy come to you ...

4. Call up the butler of this house,
   put on his golden ring.
   Let him bring us up a glass of beer,
   and better we shall sing.
   Love and joy come to you ...

5. We have got a little purse
   of stretching leather skin;
   We want a little of your money
   to line it well within.
   Love and joy come to you ...

6. Bring us out a table
   and spread it with a cloth;
   Bring us out a mouldy cheese,
   and some of your Christmas loaf.
   Love and joy come to you ...

7. God bless the master of this house
   likewise the mistress too,
   and all the little children
   that round the table go.
   Love and joy come to you ...

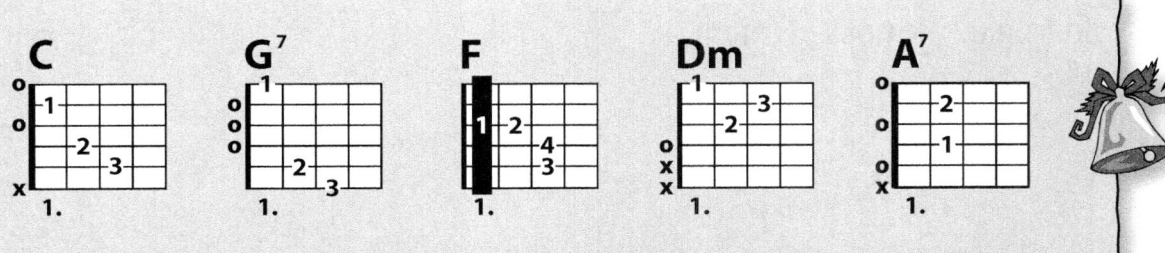

O holy night

C				F				
3	**3**	**3**	**5**	**5**	6	6	4	6
O	Hol-	y	Night,	the	stars	are	bright	- ly

C								
1̇		**5**	**5**	**3**	2	**1**	**3**	4
shin	-		ing.	It	is	the	night	of	the

G7				C				
5	4	2	**1**	**3**	**3**	**3**	**5**	**5**
dear	Sav-	iour's	birth.	Long	lay	the	world	in

F			C				Em	
6	6	4	6	**1̇**	**5**	**5**	**5**	**3**	7	**5**	6
sin	and	er-	ror	pin	-	ing,	till	He	ap-	peared	and	the

B7		Em			G7			
7	**1̇**	**7**	**3**		**5**	**5**	6	2	**5**
soul	felt	its	worth.		A	thrill	of	hope	the

C					G7			
6	**5**	**1̇**	**3**	6	**5**	**5**	**5**	6	2	**5**
wea-	ry	world	re-	joic-	es,	for	yon-	der	breaks	a

C					Am			
6	**5**	**1̇**	**3**	**5**	**1̇**		**7**	6
new	and	glo-	rious	morn.	Fall		on	your

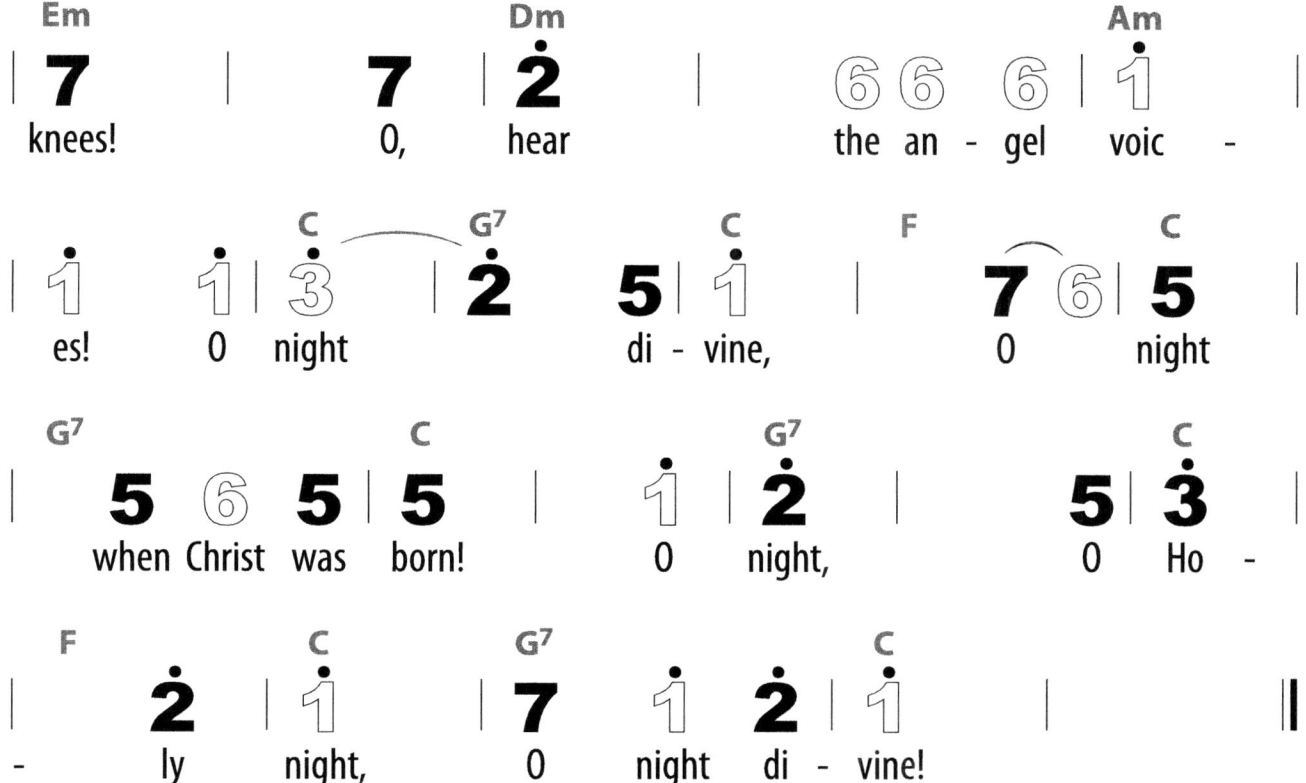

2. Led by the light of faith serenely beaming,
   with glowing hearts by His cradle we stand.
   O'er the world a star is sweetly gleaming,
   now come the wisemen from out of the Orient land.
   The King of kings lay thus lowly manger;
   In all our trials born to be our friends.
   He knows our need, our weakness is no stranger,
   behold your King! Before him lowly bend!

3. Truly He taught us to love one another,
   His law is love and His gospel is peace.
   Chains he shall break, for the slave is our brother.
   And in his name all oppression shall cease.
   Sweet hymns of joy in grateful chorus raise we,
   with all our hearts we praise His holy name.
   Christ is the Lord! Then ever, ever praise we,
   His power and glory ever more proclaim!

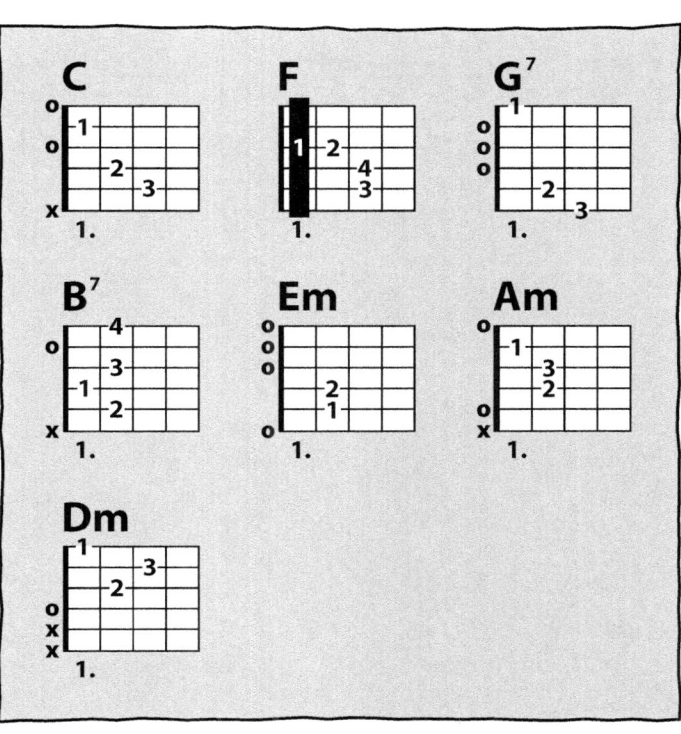

Wassail, wassail

2	G 5	5	Em 5 6	7
Was-	sail!	was-	sail! all	

| D⁷ 1̇ 7 6 | G 7 2̇ | 2̇ | C 1̇ 6 | 6 |
| o- ver the | town, | our | toast it | is |

| D⁷ 6 7 1̇ | G 7 6 5 6 7 | D⁷ 6 | 1̇ |
| white and our | ale it is | brown. | Our |

| G 7 6 5 6 7 1̇ | D⁷ 2̇ 2̇ 1̇ | G 7 5 7 | D⁷ 6 5 2 |
| bowl it is | made of the | white ma- ple | tree; with the |

| G 7 | C 6 7 | 1̇ | D⁷ 7 | 6 5 6 | G 5 |
| was- sail- ing | bowl, | we'll | drink | to | thee. |

2. Here's to our horse, and to his right ear,
   God send our master a happy new year:
   A happy new year as e'er he did see,
   with my wassailing bowl I drink to thee.

3. So here is to Cherry and to his right cheek
   pray God send our master a good piece of beef
   and a good piece of beef that may we all see
   with the wassailing bowl, we'll drink to thee.

4. Here's to our mare, and to her right eye,
   God send our mistress a good Christmas pie;
   A good Christmas pie as e'er I did see,
   with my wassailing bowl I drink to thee.

5. So here is to Broad Mary and to her broad horn,
   may God send our master a good crop of corn,
   and a good crop of corn that may we all see,
   with the wassailing bowl, we'll drink to thee.

6. And here is to Fillpail and to her left ear,
   pray God send our master a happy New Year,
   and a happy New Year as e'er he did see,
   with the wassailing bowl, we'll drink to thee.

7. Here's to our cow, and to her long tail,
   God send our master us never may fail
   of a cup of good beer: I pray you draw near,
   and our jolly wassail it's then you shall hear.

8. Come butler, come fill us a bowl of the best,
   then we hope that your soul in heaven may rest,
   but if you do draw us a bowl of the small,
   then down shall go butler, bowl and all.

9. Be here any maids? I suppose here be some;
   Sure they will not let young men stand on the cold stone!
   Sing hey O, maids! come trole back the pin,
   and the fairest maid in the house let us all in.

10. Then here's to the maid in the lily white smock,
    who tripped to the door and slipped back the lock,
    who tripped to the door and pulled back the pin,
    for to let these jolly wassailers in.

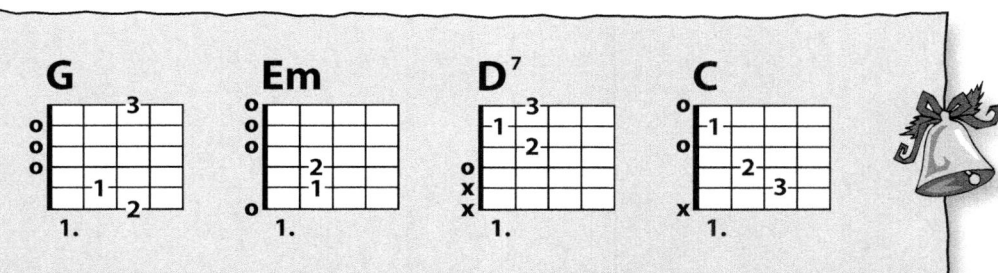

While by my sheep

F					B♭	C	
|4	3	2	|1	1	|2	3	|
While	by	my	sheep	I	watched	at	

F						B♭	C	
|4		|4	3	2	|1	1	|2	3	|
night,		glad	tid-	ings	brought	an	an-	gel

F	A7	Dm		A7		Dm	
|4	4	|3	3	|2	3	3	|2	|
bright.	How	great	my	joy,	great	my	joy!

	C	F		Dm	C	F	
|4	5	|6		|4	5	|6	|
Joy,	joy,	joy,		joy,	joy,	joy!

			A7	B♭	Gm	A7	Dm	
|6	5	4	|3	2	|3	3	|2	|
Praise	to	the	Lord	in	heav'n	on	high,

F			A7	B♭	Gm	A7	Dm	
|6	5	4	|3	2	|3	3	|2	||
praise	to	the	Lord	in	heav'n	on	high.

3. There shall the child lie in a stall,
   this child who shall redeem us all.
   How great our joy ...

4. This gift of God we'll cherish well,
   that ever joy our hearts shall fill.
   How great our joy ...

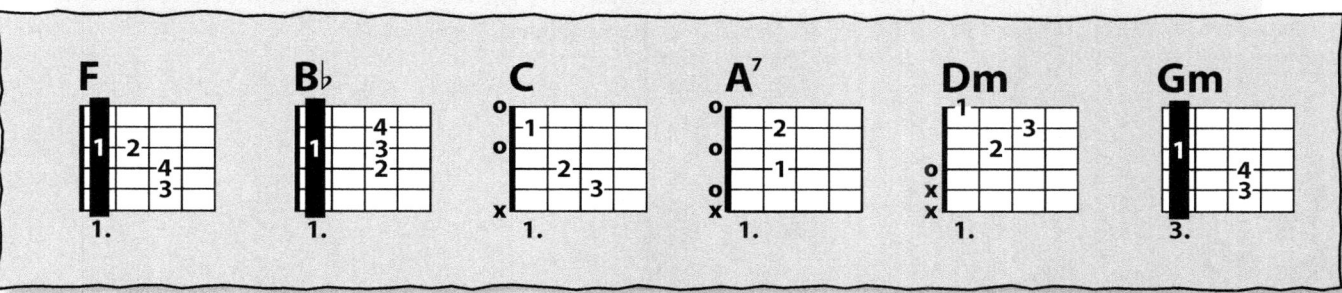

Silent night

C
| 5 6 5 | 3 | 5 6 5 | 3 |
Si - lent   night, ho - ly   night!

G   **C**
| 2̇   2̇ | 7 | 1̇   1̇ | 5 |
All is calm, all is bright.

F   **C**
| 6   6 | 1̇ 7 6 | 5   6 5 | 3 |
'Round young vir - gin, moth - er and child.

F   **C**
| 6   6 | 1̇ 7 6 | 5   6 5 | 3 |
Ho - ly in - fant, so ten - der and mild,

G   **C**
| 2̇   2̇ 2̇ | 2̇ 7 | 1̇   3̇ |
sleep in heav - en - ly peace,

                G   **C**
| 1̇ 5 3 | 5   4 2 | 1 ||
sleep in heav - en - ly peace.

2. Silent night, Holy night!
   Son of God, love's pure light.
   Radiant beams from thy holy face.
   With the dawn of redeeming grace,
   Jesus, Lord at thy birth,
   Jesus, Lord at thy birth.

3. Silent night, Holy night!
   Shepherds quake at the sight.
   Glories stream from heaven above.
   Heavenly, hosts sing Hallelujah,
   Christ the Savior is born,
   Christ the Savior is born.

Auld lang syne

| 2 | **G** 5 5 5 7 | **Em** 6 **Am** 5 6 **D** 7 6 | **G** 5 5 7 2̇ |

Should auld ac-quain-tance be for-got and nev-er brought to

| **C** 3̇ | 3̇ **D** 2̇ **Em** 7 7 5 | **A** 6 **D** 5 6 7 6 |

mind? Should auld ac-quain-tance be for-got, and

| **G** 5 **D7** 3 3 2 5 | 3̇ 2̇ 7 7 5 | **D** 6 5 **C** 6 3̇ |

days of auld lang syne? For auld lang syne, my dear, for

| **G** 2̇ 7 7 2̇ | **C** 3̇ 3̇ **Bm** 2̇ 7 7 **Em** 5 |

auld lang syne, we'll take a cup o'

| **A** 6 **B7** 5 6 7 6 | **Em** 5 3 3 **D7** 2 | **G** 5 |

kind - ness yet, for auld lang syne.

Chorus:
For auld lang syne, my jo, for auld lang syne,
we'll tak' a cup o' kindness yet, for auld lang syne.

2. And surely ye'll be your pint-stoup,
and surely I'll be mine!
And we'll take a cup o' kindness yet,
for auld lang syne.

3. We twa hae run about the braes,
and pou'd the gowans fine;
But we've wander'd mony a weary fit,
sin' auld lang syne.

4. We twa hae paidl'd in the burn,
frae morning sun till dine;
But seas between us braid hae roar'd
sin' auld lang syne.

5. And there's a hand, my trusty fiere!
and gie's a hand o' thine!
And we'll take a right gude-willie waught,
for auld lang syne.

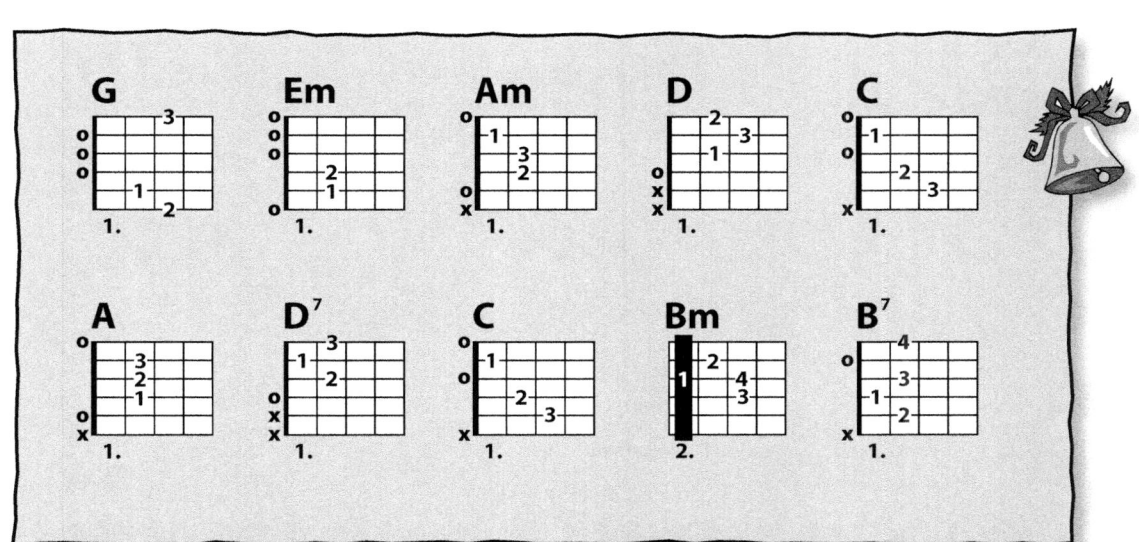

Printed in Great Britain
by Amazon